改变，从阅读开始

张学良口述历史

张学良 口述　唐德刚 撰写

山西出版传媒集团
山西人民出版社

唐德刚首晤少帅。台北来来饭店。1990.1.3

唐德刚和张学良在商讨文稿。张氏寓所。1990.1.25

张氏寓所花园。1990.12.17

张氏寓所,左起:郭冠英、赵夫人(一荻)、张学良、唐德刚。1990.1.25

少帅九旬大寿,前排正中为张学良、赵一荻,后排左一为唐德刚。1990.6

張學良將軍九秩晉壹大壽慶宴紀念

张学良正在伏案写字。1990.12.17

张学良向唐德刚赠送影印宋本杜诗。1990.12.17

当年踌躇满志的老帅张作霖

当年意气风发的少帅张学良

与张学良命运相关的几个人物：冯玉祥、蒋介石、阎锡山

关怀之殷 情同骨肉
政见之争 宛若仇雠

张学良挽蒋介石联

两字听人呼不肖

半生误我是聪明

张学良自况联

德刚先生：

过去相会心日子，实在很愉快，难以忘怀。您所赠礼名单已收到，非感谢。请原谅由于近几月来很忙碌。而至今才给您等回信。

敬祝

身体健康

张学良启

十月九日

德刚先生:

来函已收到,知为中央春秋题

词相摄甚佳,但请不必再赠我

已心领先生美意。

敬祝

教安

张学良即

三月三日

张学良致唐德刚书信手迹

敬赠
德刚先生
上帝祝福
毅庵 七十九年二月廿五日于台北

张学良用"毅庵"签名

大使命
敬赠
唐德刚先生指正 赵多加
赵一荻 民国七九年十二月十七日

"赵四"赵夫人手迹

出版说明

翻开中国的近现代史，张学良是近百年来影响中国历史进程的人物之一。

过去一百年，中国出现了翻天覆地的变化，风云人物涌现，但真正能改变中国发展轨迹，改写中国历史的人物屈指可数，而张学良先后两度在历史关键时刻，在国家统一和抗日救亡的大是大非问题上，凭借其爱国心、民族情，作出正确和果断的决定，挽狂澜于即倒。

张学良有着传奇的一生。他的活动多次改变了历史的方向："皇姑屯事变"后不久，张学良宣布东北易帜，统一于国民政府；"西安事变"促使蒋介石抗日，掀起光辉灿烂的一页，张学良与杨虎城将军更为自己的人生谱写了可歌可泣的篇章，其心系统一的爱国情操彪炳史册。他戎马生涯几十载，是一个爱国的人，曾经说过为了中国，什么都可以放弃。所以他宁愿选择放弃自己的自由，而换取民族的统一。这位世纪的老人最后在赵夫人的陪同下，度过了他最后的时光。

张学良将军于2001年10月14日在美国夏威夷与世长辞，享年101岁。时任中共中央总书记、国家主席江泽民发去唁电，高度评价张学良的历史功绩，誉其为中华民族的千古功臣。这正道出了全国各族人民和全球华侨华人对张学良的怀念与颂扬。

《张学良口述历史》系缘于哥伦比亚大学哲学教授、史学家唐德刚博士，于1990年1月至5月间，在台北北投张学良寓所和亚都饭店先后录下的11盘录音带。录音带标注录音时间分别为：1990年1月25日、3月16日（2盘）、4月12日（2盘）、4月20日（2盘）、4月27日（凯悦饭店，2盘）、5月3日（亚都饭店，2盘）。

张学良是在看了唐德刚撰写的《李宗仁回忆录》后，派人找到唐德刚先生，说张学良想请他吃饭。就在那次宴会上，张学良表示想请唐为他写回忆录。后来因为种种原因没有完成全部的预定工作，唐德刚至今仍觉得这是一件很遗憾的事。他认为，像张学良、李宗仁、胡适、陈立夫和宋子文这些人物，"都是民国史上，极重要的历史制造者。历史家应乘此千载难逢的机会，找出这类人物在中国历史演进过程中成长的经过，把他们与整个民国史做平行的研究。"

唐德刚深有感触地说："作为一个海外的华裔史学工作者，眼底手头所见，是一些琳琅满目的中华无价之宝，眼睁睁地看着逐渐流失，内心所发生的沉重的使命感和遗恨、惋惜之情交织，而又无能为力，心理上的孤独之感，真非亲历者所能体会于万一也。如果这些有价值的活资料，在我们这代人手中不能完好地保存下来，那么很可能就会丢失，那就是我们这一代史学家的失职。"

张学良将军辞世后，唐德刚先生在助手的帮助下，历经数年，精心整理录音资料而成本书。强调内容的时间跨度从1900-2001年，全景式地展现了张学良的百年风云际会。全书以张学良的自述为主要内容，再现了张学良精彩绝伦的一生。作者忠实于张学良的自述，其历史记述全部以张学良将军本人的自述为中心，是张学良人格魅力的反映。充分表达了作者对传主的尊重，为读者提供一个真实的历史。

该书的出版对大众读者以及历史研究者，都具有很强的现实意义和历史意义。

目 录

代　序　张学良自述的是是非非 / 001

第一章　身世：大帅起自草莽

1．张家发迹前 / 003
2．"那国家的玩意儿，能随便给你么" / 008
3．大帅本是草莽英雄 / 009
4．父亲有雄才 / 013

第二章　年少时：将门父子情

1．少年聪慧 / 027
2．本想学救人，却变成杀人 / 030

第三章　女人们：平生无缺憾，唯一好女人

1．贤妻良母于凤至 / 039
2．我和赵四 / 040
3．非常喜欢梁九小姐 / 041

4．很多女朋友 ／ 044

5．叶公超、顾维钧逸事 ／ 049

第四章　内战和将领们

1．我的带兵之道 ／ 057

2．吴佩孚：西蜀无大将，廖化为先锋 ／ 064

3．郭松龄：宁折也不弯 ／ 067

4．南口军纪案 ／ 078

5．张宗昌之死 ／ 081

6．厌倦了内战 ／ 083

7．我就想自个儿逃了 ／ 088

第五章　不做东北皇帝

1．东北易帜 ／ 095

2．阎锡山干不过我 ／ 103

3．美丽的东北 ／ 106

4. 市长风波 / 110

5. 和汪精卫的交往 / 115

6. 热河失守：东北军是我的包袱 / 128

7. 墨索里尼小姐 / 132

8. 胡汉民 / 136

第六章 "九一八"与西安事变

1. 要还，就把东三省还国家 / 141

2. 我的事情就是到36岁 / 150

第七章 余生：英雄坐老

1. "忏悔录"风波 / 163

2. 我和溥杰 / 170

3. 我的孩子们 / 171

4. 喜京戏好字画 / 175

外　编　唐德刚论张学良

从北京政变到皇姑屯期间的奉张父子 / 179

花花公子·政治家·军事家 / 219

张学良将军的赤子之心 / 229

敬悼张学良将军"旧"诗一束 / 235

附录一　先大元帅的早年生活和事功 / 241

附录二　本书所述大事年表 / 255

代　序

张学良自述的是是非非

张学良将军是现代中国史（甚至是现代世界史）上，一个少有的是非人物，他的是非的焦点，便是他一手主导的西安事变。没西安事变，当今中国甚至整个今日世界的局势，可能就不是现在这个样子了。正因为这一局面之出现，他这个世界近代史上少有的是非人物，历史家就很难下其定论了，是之者会说他是反侵略的抗日英雄，千古功臣；非之者也会说他是不知敌我情势，搞政变误国的乱臣贼子。至于半是半非，乃至三七、二八开……今后千年的历史家，显然对他也不会有个一致的定论。

最可笑的还是张将军自己，他对他自己所发动西安事变的是是非非的自我批评，也是是非不定的，虽然他在口头上还是一硬到底，说什么历史如走回头路的话，西安事变他还是要发动的。这是他亲口向我说的。但是他也认真地说，他如是蒋，他会把他自己枪毙了的；他自己的部下，如果也干出这桩犯上作乱的事件，他自己也早就把他枪毙了。因此他被蒋关了半个世纪，不但无怨无尤，蒋在他心目中，始终还是个"亲如骨肉"的、抗日救国的统帅，他心目中，大大的民族英雄。

是非永无定论

像张少帅这样罗曼蒂克的历史人物，尤其是当他还在关押期间，不能自由行动之时，像在下这样的知识分子，从来也没有梦想过和他去拉上关系，或是来替他写本传记，就连访问他一下，笔者也从未作此梦想。可是天下事，有时就出乎意外，也算是机缘巧合吧。少帅在其垂暮之年——他已九十，我也已七十高龄——他竟然躬自下访，和不才大为盘桓了一阵子，不但我被邀请作其座上客，正式约我为他写传，他也曾到新泽西州，下访寒舍，作我的贵宾。那也是我迁居到敝庐现址之后，最享名世界的宾客了。

张公何以和我有此一段缘分呢？外界误传甚多，虽不值一驳，但是此事经过的本身，倒不妨略叙一下，也算是史学界的一宗真实的小掌故吧。请先从"沈阳事变"说起：

在上一世纪，30年代之初，当他对日本侵略我东北，以其"不抵抗主义"来应付"九一八事变"（1931年）的高潮期，我正是一个才略懂国事的小学生。我记得那时我们在街上游行，大呼其"打倒张学良，打倒赵四小姐"的口号，每至热泪横流,那也是我生平参加学生爱国运动的破题儿第一遭,真把张学良这个"军阀",恨得牙痒痒的。其后西安事变爆发(1936年),我已是一个颇懂时事的中学生,这时我对张学良倒反而有些同情与崇拜之心。其后年纪渐长,尤其是在美国大学,对中西各族学生,教了三十多年的中国近代史,"张学良"这个历史名词,在我的课堂里,时正时反,或正或反的,也翻了好几次身,而说不出个定论来。最初我只怪我自己,思想搞不通,下不了结论,经过数十年的反复思考与观察,我对这段中国近代史,才恍然有悟——这不是一两个历史家的问题,这是历史学上一个永远解决不了的是非问题,这个是非问题,恐怕在今后一千年的中国史学界,也会争辩不清的。是者是之,非者非之,它势将成为世界历史上一个永无定论的问题。

张公有意下访

在我个人来说,作个历史的执笔人,在经过三四十年,对此一问题的教与学,我自觉对张少帅的故事,已有个粗浅的认识。在退休之后,正有心预备对这段中国历史,考虑如何下笔之时,真是无巧不成书,少帅这时也正在托人找我。首先他委托他的晚辈和助手王一方君来找我。一方不认识我,但是一方有个同学好友郭冠英,则是我在纽约认识的小老弟。一方乃改托郭君,到纽约来找我。这是1989年秋冬之交的事,这居然又是一个巧合，因为此时我正在台北的"国立中央政治大学"，参加一个学术会议，会后高雄佛光山长老星云大师，也正约我和刘绍唐先生一同去访问佛光山，并作点学术报告，有关在五六世纪时期一个中国和尚——慧深，可能到过美洲传道的小考证。

这时郭君已探得我在高雄，乃挂电话到佛光山，把张公翌晨的邀请，转报于我。我本想请他换个日期，但是郭君和刘绍唐，都劝我不要改动，因为张少帅此时，还没有完全恢复自由，请一次客，至为不易，我受邀请还要高度保密才好。但是我又怎样向星云和尚交代呢？绍唐说此事由他来解决。他乃向星云说，我有急事非立刻飞回台北不可。

星云是个最通情达理的大和尚，他不问情由，便招呼庙中的知客，明晨一定要送我二人，飞回台北不可。

初晤九十岁的少帅

紧急飞回台北之后，绍唐把我送到来来饭店，便径自回去了，我则按指定时间，乘电梯上到指定的层次，当我步出电梯时，便有一位身穿便衣，却又不像是饭店雇员的中年人阻止了我，说"本楼今天不开放"。我看一看手中的纸条，说：我是应约而来的嘛。

"谁约你的？"他问。

"一位张先生。"

"您贵姓?"他又问。

"姓唐,"我说。

"您是唐德刚教授?"

"是的,"我再回答。

这人忽然露出和善的笑容,并说,"张先生正在等您呢"。

说着,他便领我到单间的餐室,室外还另有两位便衣人物在走动。他们彼此微笑一下,这人便打开餐室的门,申报说,"唐教授来了"。顺手关了门,他便在餐室的门外了。

我举目一看,这餐室相当大,餐桌之外还有沙发和其他设备,足够十来个人用餐,沙发上正坐着一老一少在谈话。那年长的戴着黑眼镜,和毛线小帽。那显然就是张将军。他站起来,脱下毛线帽,和我亲切地握手,连说"欢迎,欢迎"。站在他身边的那青年,生得十分清秀,他自报说,"我是王一方"。

张学良要做李宗仁

初次见到张氏这样的历史人物,我倒有点矜持呢。谁知张公对我则像个数十年的老友,久别重逢一样,不拘形迹地高谈阔论起来。使我也为之全部放松,跟他有说有笑。

我们谈了些题外之言后,张公便言归正传地告诉我说,他之所以特地约我来相会,是他曾看过我的两部书,十分欣赏。

一部是《李宗仁回忆录》，他说那部书写得好，好在何处呢？他说他未见过李宗仁，但是他和"蒋"太熟了。你笔下所写，李宗仁所说的"蒋"，就是百分之百的"蒋"，因为"蒋"正是这样的人。张公连连夸奖我，"写得好，写得好"，并翘起他的大拇指。我向他解释说，其实李传只是个未完成的草稿。由于传主的突然回国，就无法润色了，这部回忆录的复杂故事和执笔者的辛酸，原是说不完的，我也未便向他细说了。

另一部书呢？原来那只是一篇短文讨论他自己的，叫做什么《三位一体的张学良将军》，他说写他的文章，他看得多了，"是你写得好"。好在何处呢？张公说，别人所写他和"老帅"（张作霖）的关系，只是父子而已，你说我们父子俩不只是父子而已，我们父子是不同的两代人……父亲是绿林出身的旧军阀；而我则是新式军校出身的青年将领……我们虽是骨肉父子，而作风和心理，都有极大的区别。"这一点，你讲得好，也讲对了。"他翘起大拇指来，连声称赞。

他说得我大为惊奇，我什么时候写过这篇文章呢？经他解释，我才想起，那是我替一位学生傅女士的博士论文的汉译本所写的序言。这汉译本原计划在大陆出版。因为那时两岸的新闻界，尚不太沟通，我这篇序文，乃被台湾报纸，斩头去足，并另取个文题，成为一篇讨论张学良的独立的文章，在台湾发表的，我自己还不知此文的存在，却被张公看到了。

言归正传，张公说，他也想写一部像"中英两文"的《李宗仁回忆录》那样的书，并希望我能考虑执笔，云云。

"主观意志"Vs."客观规律"

他这番话说得我大为惊奇和感动。因为这正是我采用我自己的历史哲学所写的书,我认为一部中国现代史,便是一部中国现代化的"转型史"——那也就是,从千年不变的"传统中国",在鸦片战争后(1842年)忽然开始"十年一变",渐次变成个"现代中国"来。就说西南地区吧,从陆荣廷变到李宗仁,前者便是个旧式的军阀,后者则是个有现代思想和现代训练的革命军人,所以前者便被后者取代了。

东北情形,亦复如此。上一代的旧式军阀,被下一代的革命军人取代了。只是在西南,上一代被下一代用武力打倒了;在东北,则是上一代被下一代,和平地接班了。方式不同,但是他们在现代中国的政治"转型史"上,所发生的作用,则是大致相同的,这种历史自动"转型"的现象——也可以说,是历史人物的"主观意志",敌不过历史发展本身的"客观规律"吧。

女大十八变,现代中国,在鸦片战争后,大致已变了十五六次了,如无意外发生,中国再变三两次,大致就可变出个"定型"来……通过目前这一惊涛骇浪的"历史三峡"之后,再向前走,自然会风平浪静!其后,"晴川历历汉阳树,芳草萋萋鹦鹉洲",整个中国现代史,就可以慢慢地流向另一个"历史定型"的太平之洋了。所以我个人对今后中国的历史发展是甚为乐观的。

上面这一段谬论,也可说是我个人治中国现代史,数十年观察所累积的,私家的"历史哲学"吧。平时不敢乱事宣扬,只在自己论史的著作和课堂里偶尔提提罢了,史学界不同意的专家们,在读后大摇其头的,多着呢。想不到我这番谬论,竟被张少帅所看中,也算是个难得的知音吧。

拿笔杆和拿枪杆的区别

他又强调,他目前也想写一部中英两文的《张学良回忆录》,承他的高看,我就是他最理想的执笔人了。画龙点睛,真使我受宠若惊。刘绍唐原先也就猜出张公找我的目的,并一再"预约",由他的传记文学出版社出版中文本。张公虽然说得很诚恳,也很轻松。但他这一要求,对我却引起了极大的心理震撼。老实说《李宗仁回忆录》这部书,可把我整惨了。它几乎把我整到栖身无所,啖饭无门的绝境,真不堪回首……我曾有专文纪录我受难的经过(见中文版李传诸近版序言)。俗语说"一朝被蛇咬,终身怕草绳"。目前这条大"草绳",真使我心惊胆怕,其牵涉之广,问题之多,作者受苦之大,非身当其冲的过来人不知也。

就以最简单的一项来说吧,这部中英两文,上百万言的巨著,非执笔人下三五年苦功,不足以面世。再者,执笔人和传主,是当今世界上,绝对不同的两种人。他二人背景、个性、训练、任务和经验,都绝对不同。总之,他二人是两种不同的动物。尤其是传主,像李宗仁和张学良,他们都是拿指挥刀的人,把发号施令,绝对服从,视为当然的。可是一旦误入学术界,他们就要反其道而行了。朋友,像李宗仁、张学良,这种做了一辈子总司令的人物,如今掉转头来,让别人指挥他,尤其是让一个无名小卒来指挥他,接受以"笔杆来指挥枪杆"这个现实,其受委屈之心,终日彷徨不服的惨状,可想而知也。可是拿枪杆的人,如果未受过严格训练,是要打败仗的。拿笔杆子的人亦然也。他们如未经严格训练,而乱拿笔杆,其结果也是要出天大笑话的。张少帅后来,终于以拿枪杆方式,来拿笔杆,而出了天大笑话,也是必然的后果而已。言之可叹。

完善计划为成功之母

但是在与张少帅见面的第一天,我不能说这些话。说出来他也不会相信的。我只反复地解释,工程如何之大,困难如何之多。我自己年纪也大了,负担不了如此的重任。但是我旋即发现,此话也不能多说,说多了,可能引起他不必要的多心。因而我只侧重在工作方面,这种大工程不只是两个人的事,它需要在中国或美国寻觅一个第一流大学作赞助机关,另外还要向第一流的基金会申请至少十万美元以上的研究费,组织一个完善的研究计划(Research Project),聘请合适的、精通中英双语的历史研究员,并组织个内行专家的赞助机构,来加以赞助和监督,而限期完成之。

但是这项研究工作,谈何容易?哥伦比亚大学是这一行道的老祖宗,誉满全球,而谤亦随之,其"中国口述历史学部",搞了十多年,只有一部中英双语的《李宗仁回忆录》,算是全部完成的一项著作;另一部只有英语、没有汉语的《顾维钧回忆录》,算是半完成的著作。其他如陈立夫、孔祥熙、张发奎、胡适等极其重要的历史人物,就被冷落了。这些人在近代中国史上的功过是非,姑且不谈,但是他们都是制造历史的要人。没有他们真实的传记史料,一部民国史是写不下去的。哥伦比亚大学也曾为此敦请过他们,不幸他们工作经年,最后都是半途而废了。至于困难在何处,那就说来话长,且举三两个小例子,以见其余。

陈立夫、孔祥熙、张发奎

其中尤其是有"蒋家天下陈家党"之称的陈立夫先生,他在50年代,被台湾当权派放逐到美洲来,开鸡场作难民,心怀不平。他要把他盛时的功业,和败后的辛酸史,全部吐露出来,不吐不快。陈氏因而应约在哥大口述历史学部,盘桓了好几年，说尽了他的一党一派之言，真是十分精彩，但是最后还是一张白纸。

陈曾到哥大亲自来吵闹一番，也是枉然。不得已，最后他才另起炉灶，自己执笔，从头来过，这部后来在台北完成的书，就是另一部书了。他曾把这一手稿交与我，要我审评并译成英文。我知难婉拒，并介绍好友董鼎山教授代劳。这便是后来在斯坦福大学出版的《陈立夫回忆录》了。但这部在台湾撰写的回忆录，与他早期的著作，就是不同的两部书了！

当年经哥大邀请的国民党时代军政要人，还有孔祥熙、张发奎等人。孔是近代中国的摩根，财神菩萨，更是孙中山和蒋介石的连襟，因此他们在岳家相聚时，孙中山、蒋介石，都叫他"大哥"。他在民国史上，不论是好是坏，重要性就不用谈了。

张发奎在北伐期间，曾是贺龙、叶挺、朱德、林彪的上级指挥官。历史家如要搜搜，足以震动世界的"人民解放军"的来龙去脉，还要从张发奎说起呢，张也为此颇为自豪而健谈。不幸孔、张二人的回忆录，也都因问题累累，而在哥大束之高阁。

明升暗降的政治艺术

笔者不惮烦而写的这段小掌故，主旨只是在解释搞口述历史的困难。它不是像张学良这样的历史人物所想象的,"我讲你写"就成了。其实它的实际工作,比起一般的写作,更为艰苦。何也？因为一般史书的写作,只是根据各种史料,按图索骥,写其"书"而已矣。搞口述历史就要多一层工作了,它在一般史学的著述程序之外,还要加上当事人关键性的"口述",而这种口述,往往是画龙点睛,与表面上的故事,甚至完全相反。

且举一个陈立夫"口述"的小故事为例：

在抗战开始前,陈奉蒋密令,以国民党组织部长身份,远赴西欧,候命绕道去莫斯科,争取俄援。他密赴西欧,一住经月,俄未去成,忽又奉召返国,回国后,竟"因功"升任"国府委员"。

"陈伯,"我说,"那是当时中国最高的官位了！"

立夫先生笑笑说,"我因功升入养老院"。

原来这是当年国民党中,"政学系"官僚所导演,离间他们蒋陈关系的一幕最精彩的演出,"蒋家天下陈家党",可能也是他们叫出来的。事缘在某次国民党中央的选举上,陈立夫得票,居然比蒋还多出几票,虽然蒋中正的"正"字也被监票人当成五票,数了进去。

蒋一见此选举结果,顿时大怒,竟举起台上的木椅,向陈立夫砸了过去。其实,这只是"政学系"一桩高明的阴谋,来离间他们蒋陈的关系而已,当我把这一真实而有趣的小故事提出,向陈公请益时,陈还含笑地说,这不是阴谋,是他当时的确比蒋公在党内，更得人心！

无论怎样，陈从欧洲回来，国民党就面目全非了。不用说他自己被调离组织部，"升官"成国府委员，他手下的得力干部，也大半调差了。只有朱家骅被提成部长。朱原是立夫的副手，现在就成他的政敌了。抗战期间，陈被调任教育部长。CC系在党内的力量，就一分为二，而一蹶不振了。

所以"口述历史"的重要性，往往为"著述历史"所不能及。司马迁的《史记》中很多精彩的章节，都是根据口述历史写成的。这本是我国史学上的老传统，并不是现代洋人发明的。只是搞口述历史要特别小心罢了。你如碰到政学系里高明的政客，你可得防他一手，不要偏听偏信，像蒋介石和陈立夫那样，把政治现象无保留地信以为真，拿椅子砸人！

一辈子没个上司

当我把这些小故事向张少帅，以谈笑方式，简略地说给他听之后，我发现他半信半疑地当成"耳边风"，他还是滔滔不绝地说他那一套。我对他这司令官的态度不以为异，因为我有为李宗仁工作的经验，把个一级上将，训练成博士班研究生，你得有超人的耐性。我和李宗仁将军工作，是有充分的经验的。只是我第一天就发现，张学良比李宗仁还要难缠得多。因为他自以为是的个性，比李宗仁还要坚强十倍呢。

张学良先生告我说，他的弱点是他一辈子未尝有过"上司"。

"老帅不是你的上司吗？"我说。

"他是我的父亲，"他说，"父亲究竟与上司不同。"

"蒋不是您的上司吗？"我又问。

"所以他发我脾气，我就把他抓起来呀。"他说着哈哈地大笑一阵。据张公告我，在西安事变爆发前数小时，他在西安召集了一个干部会议，宣布这项惊人的阴谋。大多数人都默默无言，只有于学忠和另一位高干发言。于说："少帅，抓起来很容易，您考虑没有，以后怎么样放他呢？"张将军告我说："我告诉于学忠，现在不能考虑到那许多！先把蒋抓起来再说！"

我告诉张汉公，西安事变是改变世界历史的大事呀！

"就是这么干起来的。"他认真地说，"别人都在胡说"。说后他又哈哈大笑。

张传不能轻易动笔

在我和张公直接接触之前，数十年来，我都认为，能干出西安事变这样大阴谋的人，一定是工于心计，老谋深算，谁知他竟是这样一个任性而冲动的人物。真是百闻不如一见！但是我对他在历史上的评价，却未因此而前后易辙……他在中国历史上,将永远是个是非不定的人物。

随后我们又言归正传,张公还是要我考虑替他写一部李宗仁式的回忆录。我虽然内心也觉得值得一写,但是我还是诚恳地告诉他有关工作量和年龄的问题,事实上当今能以中英双语为他写自传的历史学者太多了。只是他不在此行,不认识罢了。

我并诚恳地问他:台湾是人才济济的地方,为什么要舍近求远?他只是摇摇头,意思是,在台湾这个地方,替他写传记的人,不可能公正落笔,还是美国好。那我就向他建议,就仿照李宗仁的办法,将来由哥伦比亚大学,主持其事。因此我们又言归正传,我估计写他那样一本双语传记,至少要有三年以上的苦功。要有研究计划(Research Project),和专任研究员和专任或兼职助理,有专用研究室,有足够的参考图书,最好还要有专家组织的顾问和襄赞委员会,动手之前,至少要有现成美金十万、二十万的基金。这都是一个一流大学的专门计划。不是我这个七十老翁一个人可以干得了的。

我这一番话说得他似乎将信将疑,我可以体会出他内心一定在想,写本小书有这么困难?他和其他行外人一样,一定以为,写本"回忆录",正如他一再说的,"我讲你写"就成了。这是一般人的想法。困难是实际工作体验出来的,未吃过苦头的人,是永远不会相信的,这就是所谓内行外行之别了。因此张公一再地说,"还是你就照李宗仁传的办法,写写我嘛!"我内心立刻的反应,便是绝对不能"写写看"!经验告诉我,没有哪个张三,替李四写传,李四会感到满意的,尤其是张三是内行,李四是外行。二者是极难一致的。

且举个经验上的小例子:

《李宗仁回忆录》的教训

在我和李宗仁将军工作之初,"李排长"曾向我大谈其天下国家大事,是如何如何演变起来的,我就劝他多谈谈"炒排骨"(当排长)的经验和故事,暂时少谈当时的天下国家大事,因为一个李排长当时能知道多少军国大事呢?

这时李公心怀不服,我是可以察言观色的,后来李排长做了上将司令长官了,他又同我大谈其二战期间,英美对大战的政策是如何如何,因此我们对同盟国的政策,也应该如何如何,以为因应。要我详细地记下来,算是他对国际局势的分析。我很客气地问他说:"德公呀,您这些国际情报,是哪里来的呢?"原来是在抗战中期,他以五战区司令长官身份,回重庆述职,参加中央纪念周,"听孙科说的"。

我又问李德公,"孙科的话就可以一言九鼎吗?"他信心开始动摇了。

"我怕全部记下来,在将来的国际版上,会引起笑话呢。"我又补充一句。

李公若有所悟地告诉我,连说,"抽掉,抽掉!"

我在中国抗战时期，曾当过上尉。李公当时是"一级上将"。但是隔行如隔山，写历史，上将就只好听上尉指挥了。

在和张学良说话时，我就想到李宗仁。只是李比张谦虚多了，毕竟是炒排骨出身的嘛，哪像张少帅，一离开军校就当上将官呢。说句行道话，李在撰写自传上，是个可塑之材。但是从第一天开始，要把张在学术上训练成一个历史学徒，我实在无此信心，也看不出远景来。

你"又"错了哎

张将军也告诉我一桩关于他信教的故事：

被关久了，很自然地他就对宗教发生了兴趣，他最早的兴趣是佛教，并看了些佛经，自觉颇有心得。早年在台湾山区，某次蒋夫人来看他，发现他对佛教有了兴趣，就说："汉卿哪，你又错了哎。"

"为什么我'又'错了哎？"张公笑着说，"她的意思是说我，已经上过别人的当，这一次'又'要上佛教的当！她说她要领导我走向真理，去相信基督教她这项导引是做对了。"首先是赵四小姐被感化成为虔诚的基督徒，渐渐地他自己也就相信了。

信了基督教，他又更诚恳地说，他的整个生命也发生了变化，首先基督徒是不准有多妻制的，我得有个正常的家庭生活。我得同我太太离婚,再和"现在太太"结婚。

他又说,他夫人现在是一位虔诚的基督徒,相信人世上任何事物,都是上帝安排好的,所以她极力反对写什么回忆录,这样那样的,但是张某自己的看法倒稍有不同。写回忆录,不是为着搞什么"辩冤白谤",写回忆录只是替历史留下一点真实的故事,免得人家胡说罢了。

张少帅这一席话,说得倒是深得我心,但是我还是说,他的回忆录是应该写的。但是工程浩大,绝不是我这个七十老翁,可以干得了的。

"那你就开个头嘛。"他说,"以后我们也可以跟李宗仁一样,找哥伦比亚大学……"

他说这话,我知道,他是不会相信我的建议的,我也知道他心里会在想,"写一部回忆录,我讲你写,有什么天大的了不起呢?"他一再地说,他以后要请我到他家去,把这事好好谈谈。并坚持要我"开个头",以后再从长计议。

张汉公和我一谈就是三个小时,主要是我二人对谈。王一方君只在一旁照了好多照。我觉得应该是他睡午睡的时候了,虽然他还有说不尽的故事,而毫无倦容。最后还是我坚持他应回家休息。我要陪他一起下楼去。张公却示意,要我先走,因为"门外还有人"。

这是张学良先生第一次和我见面。我个人在大学课堂里,谈了三四十年的张学良了,这次才见到一个与我理想中完全不同的真的"张学良",虽然我对他在历史上的结论却没有多少改变。

在张授意下,王一方君送我上电梯,我走后,他二人才出门。

不愿伤害蒋夫人

与张别后,刘绍唐又约我晚餐,为此事讨论了很久,绍唐劝我写下去。但是经验和年龄都告诉我,我只能"开个头"。其后我就去台北"国立中央图书馆",把该馆所藏有关张氏早年的书籍、档案、新闻纪录和单篇文章,编了个参考书目,再根据其中要件仔细清查。这对一个七十岁的老童生,实在是个很大的包袱。所幸兴致尚好,终于写出以第一人称的海城张氏的《关内源流》和《关外定居》的两篇草稿,送请少帅增减和更正。

可是此时在台北,我还有许多其他的杂务要处理。因为远居异国,国内有许多邀请,万里飞行,参加不易,多半都回绝了。然既来了一次,顺便在同一地区,多参加几次学术会议,也是难得的机会嘛。此时在香港和大陆,我就接受了好几个学术邀请会,需要参加。再者,平时到各地旅行总是三五天的事,这次不巧,我是住在我岳丈家里,刚碰上他老人家病重住院。不久他就以九一高龄去世了。他的子女都在国外工作,求医侍疾,来去匆匆。我助理后事也就责无旁贷了,所幸我这年有一年休假期，甚至可以申请退休。再者，岳丈死后遗留有房子、汽车、司机和阿妈，订有合约，一时也辞退不了。我被迫鹊巢鸠占，在台北就做起"汽车阶级"来了。

这时我也曾到张家请益，并把我的底稿送请他过目以便修正。当我车抵张府时，那个在张家门外巡逻的"便衣"，竟招手含笑鞠躬开门让我进去。这大概因为我岳丈的汽车上，有一张"总统府通行证"的关系。这就使我想起，我的学生傅女士告我，她曾在张府门外被警卫驱逐的故事来。还是苏秦说得好：人生富贵岂可忽略哉！无车无马，怎能私闯公门。

张公看了我的草稿之后，虽也不无赞词，但是他说他希望我做第一人称（first person singular），他自己只做提供口述史料的"第三者"。这一来，那便和《李宗仁回忆录》大异其趣了。

"为什么呢？"我不免好奇地问他。他解释说，他不愿伤害蒋夫人，蒋夫人待他太好了，甚至救了他的命，因此有许多话，在蒋夫人还活着的时候，他不愿"直说"，只希望我让他以"第三者口气"发言。

其后张公又派他的小助手王一方和一方的好友郭冠英，来约我到他家和一方家谈笑餐叙了好多次。这时通过一方母亲的叙述，张公和我才第一次知道，一方已过世的父亲，王新衡先生和先岳吴开先，生前原是好友，同属于国民党的CC系。真是西谚所说的"世界太小"。

哥大东亚所愿为张传担纲

我这"第三者口吻"改动的工程不小。身边既无书记,也缺少足够的时间,我就到香港和大陆开会去了。一去经旬,回台时已耳目一新了。这时张公已获得了人身自由。当局为宣布此好消息,并要为他举行个九旬大寿的庆祝会,需要九十位"发起人"。张公把我的名字也放进去了。当他把此一好消息告我时。我为之大惊,问他能否将我的名字删掉。张公还惊问何也。我说少帅九十高寿,在台湾纵列出个两百位发起人,也轮不到我。今日列名其中,会惹起宝岛政学两界不必要的反应。张公还笑我多心,连说不必顾虑。

果然就在此时,台湾报纸登出了我为张公作传的惊人消息。北京的报纸,随之披露。接着,谣言传出,国民党秘书长宋楚瑜先生,也在查讯此事(后来宋兄还特地向我说明,他未尝过问,想必另有权威)。此消息一经传出,张学良先生首先就慌了,他刚刚重获自由,难道又要回去?张公乃找我特别商量,要我二人发个"联合声明",否认此事。

我告诉少帅,我断无资格和他发什么"联合声明"。先让我单独发个个人声明,说我之认识张汉公,是我先岳和王新衡先生的友谊关系。但是我们也绝对没有谈过西安事变。发过这项声明,我说我便立刻离开台湾,新闻记者一定会再访问你,那您就严正声明绝无此事就好了。张公认为这倒不失为一个好主意。我们就这样安排了。

这时原在台湾出生的郭冠英也发慌了。他把我们录的有限的录音带,匆忙地交我一份,带回美国,另一份,就等着"警总"来查封了。其实这都是做贼心虚的空紧张。据说那时的台湾当局,并无意要留难我们。言之可笑。但是经过这一场小风波,张学良回忆录,也就和我个人绝缘了,虽然哥伦比亚大学里的朋友们,对它还存有浓厚的兴趣,加以哥大在学术界声望高,张学良更是个传奇人物,四美俱,二难并,由哥大出面主持此事,筹他个十万八万研究费,并非难事。

返美之后,我乃把这故事告诉了哥大年轻而有为的黎教授,黎君深通汉文汉语,是个研究近代中国的专家,因而黎对张学良也极有兴趣。

我告诉黎君,张学良不久可能来纽约访问,我将居间介绍他二人和一些相关学者见面,作详细安排,就照《李宗仁回忆录》的前例,找几位年轻的、副教授级的青年有为学者,担纲挑大梁,以期其成。黎安友教授是个有能力、有作为的青年教授,在美国汉学界中,中英文都是极好的。他听到这消息,也大为高兴。我们就这样决定了。

纽约之会的阴错阳差

果然不久,新获自由的张少帅,就驾临纽约。住在一位贝夫人家里。贝家地处纽约市内最繁华、最高贵的五马路中段，和蒋宋美龄居处相去咫尺。张少帅坐了五十年的大牢，这次忽然飞到世界最繁华的大都市来，纽约华人社区为之轰动，三日一小宴，五日一大宴，自不在话下。他自己多少也有点飘飘然。毕竟是牢中囚徒，重见天日嘛。

在一个小型宴会里，我就向他说出，哥伦比亚大学亚洲学部，有意邀请他谈谈合作写传的事。张公闻之大为兴奋。他说他的一切交往全由贝夫人负责安排。回家之后，我立刻打电话给黎教授。黎立刻就选了几个酒会的日期，让张公选择。黎再加约几位哥大当局，大家见见面，第一次的酒会和餐会，由我做东。大家谈出个眉目之后，再由哥大校方正式具函敦请，并签订合约。正式开工。

为此我就通知贝夫人，约好了日期，并在敝寓邻近选择了一家最好的中餐馆，定下八百多元一桌，该馆特制的，最好的酒席（因为我知道，张少帅在战前家居午餐，都是一百银元一顿。我那时是个中学生。我所缴纳的伙食费是三十块银元一学期）。但是现在纽约做不到那么好的中国酒席，就只好请少帅委屈点了。

约期前三日，我就打电话提醒贝夫人一下，到期我会亲自开车来接。先到我家来一个闲谈的酒会，酒后再去餐馆用餐。谁知贝夫人竟然轻松地说："汉公走了呀。"

我说，"我们不是约好的吗？"

"他等不及就走了嘛。"

"走到哪儿去了?"我再问。

"到 Florida 去了哎!"她说。

"那他什么时候回来呢?"我不必要地再问一声。

"他不回纽约了。"她说,"直接回台湾去。"

这对我真是五雷贯顶。但是我对一位七十岁的老太太,和九十岁的先生的失信,抱怨又有何用呢?但是我这席大客,请不请了呢?照请,那对其他的客人,也太尴尬了。宴会撤销,对我自己也太尴尬了。不得已我乃打电话,把这一尴尬的情形,告诉老友黎教授,并商量如何收场。黎倒颇能理解,我乃把这桌大餐,临时取消了,心头真有说不出的滋味。

谁知事有意外,在大致一个月之后,一天我在纽约街头,忽然碰到一位早年的中国学生,现在纽约一家华人教堂做牧师。他正在找我,并说他要请我吃饭,因为张学良将军每个星期天,都在他的教堂做礼拜,他要约我同张见见面,因为他知道我对张有很大的兴趣——在课堂里曾说得很起劲嘛。

他这一邀请,真使我再来个五雷贯顶。回来后,我便立刻向贝夫人打电话,问她为什么说不实之辞。贝太太说,邀请少帅的人太多了,怕他身段吃勿消,所以就藉口辞掉一切应酬。我要求与汉公直接通知。张公拿起电话就说,"德刚,你不是要请我吃饭嘛?我在等你邀请呢!"

听到张公的抱怨,我真像汽车瘪了胎似的,大叹一口。从何说起呢!

哎，你还会开倒车

最后我们再重新约过，在原餐馆，定了原样的酒席。我又拟重挂电话给黎教授，一切照原计划进行，不幸这时已近5月中旬，暑假开始了。哥大的重要教职员，都各有个人计划，分别离校他去了。所幸原订客人中袁家骝、吴健雄伉俪，和张公五十年前的旧识，刘廷芳先生和他的儿子刘国荣，还可应约前来，这时原在采访张氏新闻的小郭，带了部录影机，也适时赶到。我就请他做摄影师，参加宴会，我开车，他照相，我们适时赶到纽约公园大道，接了张少帅和贝夫人，同来敝寓，先喝点鸡尾酒，再同往餐馆参加晚宴。张公在敝寓酒会之后，我们就直奔餐馆了。

当我车抵餐馆门前时，刚好有个停车车位，这时坐在后座的少帅就准备下车了。我请他稍待片刻，等我把汽车停好，再请他下车，车停好了，少帅忽然侧身问我说，"德刚，你还会'倒车'？"说得几位在街边等他的其他客人都笑了。他们都听说，少帅会开汽车嘛，如今倒车有什么可以惊讶的呢？

后来我才告诉那几位好奇的朋友说，张氏当年所开的汽车，是30年代的汽车呀。那时的汽车可麻烦了。倒车要两手两足，四肢齐动！哪像诸位现时的宝车，倒车只要一手一足呢。少帅那时是位阔公子，美少年，开车不用考执照，下车不用自己"泊",交给车夫就是了,还用担心开倒车?

传说中的张少帅,也曾亲自开飞机,并曾带着位意大利籍的女友,在北平(北京)天空翱翔;又说他在西安事变前,在1936年夏某日,他曾亲自开飞机去延安(或保安),与周恩来秘密会谈,奠定了共张之间的"联合阵线",云云。大致都是类似的想象之辞。

朋友们了解吗?近现代中国是十年一变的,两三变之后就变得面目全非了。可怜我们的少帅,就在这大变动时代,却坐了五十年不变的大牢,因此他的生活、思想,几乎也五十年未变。一旦走出牢门,这大变了的花花世界,同五十年前的生活思想,就完全脱节了。就以男女关系来说吧。风流少帅当年,身边真是姬妾成队,美女如云。要啥有啥,谁敢不听少帅的指挥?可是五十年之后,就只剩老太太,赵夫人一人了。如今饮食起居,安内攘外,一切都得听夫人的话了。

"我有时发大脾气,我太太还是让我的。"汉公不免有时还在吹牛。

"平时不发脾气呢?"我嬉皮笑脸地问他。

"那当然都由太太做主。"汉公诚恳地说。

时代毕竟变了。您纵是坐牢,个人生活方式,也得随时代慢慢地改变噢。

赵夫人也曾告诉我说:"他被蒋关起来了,否则我同他也维持不下去。"这显然也是赵夫人的由衷之言。

这晚这个"张作霖的儿子"兴致特别好,在餐会上讲了许多有关男女关系的笑话。把个一向端庄肃穆的"袁世凯的孙子"和孙媳，都笑得前仰后合。使这场酒会和餐会更显得生气勃勃。大家谈笑一大阵之后，我和郭君，就要把他送回公园大道了。有关他写回忆录的事，因为有关人士全不在场，其他贵客，又全无兴趣在张公和我们欢笑声中，就留待异日了。

当我招呼餐馆经理，前来结账时，经理竟然笑笑说，"全免了！"真使我大吃一惊，不知所措。原来国荣是这家餐馆的房东。他向经理笑笑挥挥手，餐费九百美元就全免了。客人皆大欢喜。主人当然更是打躬作揖！

赵夫人的权威与苦恼

谁知这场纯社交的宴会，却出了一个严重的反面后果。张学良在纽约玩得昏天黑地之时，那孤零零一人，在三藩市含饴弄孙的赵夫人，便在华文报上和私人情报圈中，得到了张少帅返老还童的小报告。赵氏紧急电召无效之后，还得御驾亲征，才把个九十岁的老顽童，抓了回去。这则有趣的故事，笔者这儿，也是得自传闻。八十老翁，卧病在床，就不为风流少帅来做其无谓的小考证了。读者士女如爱小道消息，一通电话，问题就豁然开朗了嘛。设有读者，有此雅兴，而探出真相，尚恳不遗在远，略书数行惠我，以明真相，就期盼不尽了。

这则小故事，对笔者本人来说，也可算是，黄狗偷食，黑狗当灾吧。原来张公来纽约数月，一直都住在贝夫人家里，张公因年高耳背，交际不便，他在公私场合，一切都仰赖他居停女主人的扶助。男客人已年高九十，而女主人也七十大几，还有什么男女大防之可"防"的呢？因此出双入对，他二人自己，和一般朋友们，都不以为异，尤其在纽约这种第一号国际大都市，这又有什么稀罕呢？本来不是什么新闻嘛。

千不该，万不该，是张学良不该有张大嘴巴，他常常公开地说，什么赵夫人可敬，贝夫人可爱！更糟的是张学良这个国际驰名的大 Playboy 又口无遮拦，专门欢喜讲男女关系的笑话，甚至作了一首打油诗，挂在口边，嘲笑自己什么"自古英雄皆好色，若不好色非英雄。我虽不是英雄汉，却也好色似英雄"！因此一犬吠影，百犬吠声。"可敬的人"，听到此小道消息，对"可爱的人"，就恨之骨髓了。

这原是女人间的"人情之常"。莎翁说："女人呀！女人，你的名字就叫脆弱噢！"还不是这个意思？事实上，少帅爷在此出双入对，大宴小酌，何日不然呢？只是那些宴会主人，赵夫人不认识罢了，我只因为认识赵夫人，并吃过她亲手烧的蛋炒饭和鱼翅汤，就变成当灾的黑狗了。读者诸士女，不妨试为在下设身处地想想，您如在那场合，您也跑不掉要当黑狗啊！夫复何言？

其后我又因事去了台北一趟，按礼节，我原应该向张府作一次礼貌性的拜访，但是却被刘绍唐兄阻拦了。因为"五爷"（少帅的五弟张学森）曾向他提供过有关他兄嫂的很不寻常的故事，绍唐对我说："他哥哥对你甚好，他嫂嫂对你深恶痛绝。"（学森似乎也同我直接说明？）我完全理解到，赵夫人因为一生都没有安全感，对这一类事情的憎恨情结，我是完全理解和万般同情的，但是我有什么方法可以回避这种尴尬呢？回避不了，那就只有做"当灾"的黑狗了。

失之东隅，误于桑榆

后来山东来的王书君教授，应聘在哥伦比亚大学东亚研究所作访问学者，他早也选中了张学良的传记为研究主题，颇有其独到之处。这原是张少帅的福气吧。可惜的是，书君初来此邦，人生地不熟，很难申请到美国基金会的支持。没有基金会的支援，搞汉英双语研究，那几乎就不可能的了。

总之，张学良口述自传，在哥大，就这么阴错阳差地给耽误了下去。更不幸的是张学良自己也小看了"口述历史"这一行道。他自始至终，认为"口述历史"就只是"我讲你写"这么个简单的程序。因此他认为他只要找一个录音员，"我讲你写"，一部像李宗仁那样的回忆录，就可以出炉了。从一开始我就警告他，没有那么简单，但我也看出他面从心违的神情。这项心态，不只张氏一个。从李宗仁以次的"党国要人"无不如此。朋友，你要把一位世界级的党国要人，训练得服服帖帖的，来听你"学者的话"，尤其是像少帅这样,"一生都未听过人话的人"(见少帅自述)谈何容易,谈何容易!?

另一错误,是他对美国学术界极其复杂的组织和运作,一无所知,而又强不知以为知,盲人骑瞎马,就容易出事了。张学良在中国历史上,虽还算不得是什么世界级的大人物,但是在他名下闹出的沈阳事变和西安事变,却是改写了中国历史和世界历史的两大事件。是祸是福,虽今后千年都不会有"定论",但是他却是这两大事变的主角。生前没个"第一手"的交代,是太可惜了。

顾维钧谈少帅

还有,在西安事变前后,张与蒋宋两家的经济关系,也永远是个谜。据顾维钧先生告我,中原大战期间,蒋、冯、阎、李都派有"专使",长驻沈阳,争取有举足轻重地位的奉系张氏,参加他们内战的阵营,据深知内容的顾氏告我,那时冯、阎的代表,所携不过数千金,勉维食宿,而蒋总司令驻奉代表吴铁城,却身怀巨万,与张的上下僚属,一掷千金,酬应无虚夕;南京对张氏本人,则暗许至数百万之巨,先付半数,余伺乱平再付。而少帅自己这时,则徜徉乎秦皇岛上,作鼠首两端的观望。待时间成熟,条件如愿,他就挥师入关,对内战双方,从事"武装调停"。果然阎、冯落荒而走,奉系就坐拥华北了。嗣后张氏偕眷作京沪之游,与蒋府上下交往甚密,顾氏含笑告我说,"都为讨债而来"![1]是耶,非耶?我与少帅往还,尚在交浅而不敢言深的初期阶段,所以就未向他作深度的发问了。

以上只是冰山之一角而已,至于数十年来,教与学之间的史料与见闻,那真是,一部小小的车儿,如何载得起?若天假以年,以后有更多机缘与时间,再慢慢细述之吧。

在职业历史家看来,西安事变的故事,经过数十年的发掘,已没有什么秘密可言。只是没个当事人来"现身说法"一番,故事就没有其应有的权威性了,张氏原有意,要亲口来加以澄清的,深入的史家,闻一以知十,对张某的故事,原没什么不知之事,只是事由亲口坦白,和盘托出,那才是职业史家规范的所谓"第一手史料"。如今结果还是一盘糊涂账。何以如此呢?除阴阳家所迷信的"命也,运也"之外,那就不是两万字所能说得清楚的了。

主角已成古人,笔者不敏,曾看了他几十年的戏,晚岁不知老之将至,还替他跑了一阵"龙套",思之可笑,如今也年逾八旬,久病之余,药裹关心,对少帅故事,哪里能说得完呢?

---

[1] 作者注:"九一八"之前,顾曾长住沈阳作少帅贵宾,深知内幕,与笔者所谈幕后消息甚详,亦颇足取信,笔者亦尝以他事,向少帅试探,亦每经证实。

本篇全凭记忆执笔，冰天雪地，连身边所积，盈箱累架的史料，也无力翻查。书被催成墨未浓，我们就暂时，说到此地为止吧。至恳知我的编者读者，赐谅赐恕，为幸为感。

唐德刚

2003年农历元旦于美国新泽西州寓所

第一章 身世：大帅起自草莽

> 我们家上辈子的人，没有一个是正经在床上死的，我父亲一提到这事儿就掉眼泪。
>
> ——张学良

1. 张家发迹前

我们家的祖籍是河北大城，我们家本来是姓李的，是张家的女孩子嫁到李家去，生了个儿子，可是张家没有后人，就把李家的孩子抱一个回来，过继了一个，就姓张了。

这个族谱后来叫我给找到了。我年轻的时候淘气，我们那里的规矩，（男丁）过继到另一家，还可以再娶一个太太。现在（到我这一辈时）原来的李家又没有后人了，我回来就跟我父亲商量，我父亲说好，怎么处理这个事情？

我说你把我过继过去，我还可以（多）娶个太太呢。

我父亲这个人，小的时候很聪明。我怎么知道呢？我们家那儿有一个姓姜的，我们管他叫姜爷爷，他给我讲的，那时候我还是小孩呢，他就告诉我，他说你爸爸呀……

我父亲还在启蒙的时候，这个姓姜的跟我父亲的老师认识，常到他书房去。你在私塾里待过吧？[1] 就是一个字一个字

---

[1] "你在私塾里待过吧"的"你"，指张氏的谈话对象唐德刚或郭冠英，全书多有这种情况，不另一一注明。——编者注。以下注释如无特殊说明，均为编者注。

地念书。他说有一天呐，他们两个人在面对面地说话，我父亲站在地上念字，念到"祸福由之"这句话，那个"祸"字他不认识，老师就告诉他念"祸"。然后他就问第二个字（怎么念）了，那姓姜的就在旁边说话了："祸"的反面，"祸"的反面。他就念下去："福"。姓姜的就感到奇怪，他对我说，你爸爸这个小子，反应这么快！那时你爸爸也就不过九、十岁的时候！

这是一件事情。

第二件事情还是那个姓姜的告诉我的。

我们那儿的乡下，怕有贼来，为了防备，老百姓家都弄一个棒子，上面安一个扎枪头，铁头，也不大，我们叫小扎枪。就摆在房间里，万一晚上有贼来呀。

有一天，父亲上学，老师在学堂里的一个门后面发现了这个玩意。老师就问了，那个扎枪头，谁的呀？我父亲说我的。那你拿这个玩意干什么？他说我昨天看见你拿板子打那个某某人的屁股，假如你今天打我，我就给你两下子。老师就告诉我奶奶说，这个学生我可不教了，他要是给我那么一下子，我就完了。

这都是那个姓姜的告诉我的。

我们家里在我父亲年轻的时候，很苦很穷的。既然穷过苦过，为什么人家说我的父亲是土匪？

这也就是过年时候的事。

在我们那个地方有一个小土豪，姓王，有几个钱，小土豪，不是顶有钱。那个人也不大正直，常去跑一个小赌场。

有个年轻的孩子家里有钱，但岁数不大，不懂得事，跟这个姓王的两人赌钱。年轻人把钱都输了，输光了，不光输，还负那个姓王的，姓王的就逼他要现钱。年轻人说我输光了，没有现钱了。他说那不行，没有钱，我上你家要。那个年轻人被他逼哭了。这时，我爷爷在旁边就说话了："算了吧，你都赢了那么些了，就算了吧。"这下，那个姓王的不愿意了，"碍着你什么事情了，你管什么？"这一下把我爷爷说火了，我爷爷也是很凶的一个人，那时候已经五十多岁了："我说什么？假如我要是说出来，你就在这站不住，你就待不了，你就瘪了！"

这句话就翻了姓王的底儿了，他在那闹鬼儿、做手脚，那么，这个人就不吱声了。

到下午了，大家都回家了，我爷爷和姓王的也回家，走在路上，姓王的就跟我爷爷说："你要给我道歉，你管这个闲事干嘛？""你那个事情（指姓王的做手脚）我都看见了，你还瞒得过我？"说着两人就吵起来了，那个说你得给我道歉，这个不但不道歉还骂他。于是，两人就打起来了。我爷爷五十多岁的老头打不过姓王的，人家是三十几岁的年轻人，我爷爷就被打伤了。被打伤了我爷爷也还骂他，姓王的说，你好话好说我就饶了你，要不我就揍你。

后来，我爷爷就因为这个伤死了。

为了这事儿，我二伯父跟我父亲就要报仇，要去打死那个姓王的。但是,那时候我们家没有势力呀。

当时有一个姓郝的,我们都喊他郝大爷,岁数很大了,是我父亲的好朋友。过了好多年,他来找我,跟我嘟囔,说你爸爸拐走我一头驴,你得赔我。

怎么拐走一头驴呢?

我这个二伯父很会跑的,身体好。我父亲就不行了,跑不动。于是他就管这姓郝的借个驴,预备着哥俩到王家去报仇,完了骑那个驴好跑呀。

带的是杆土枪,那时候的那种枪呀,不晓得你看过没,扣着一个炮仗,不是点火绳的,就带这么一个枪去。

这个王家人口比较多,住着上房和下房,下房住着一个老太婆,人家住在上房,她住这儿。他们要翻墙进去时,因为这个墙是用石头垒的,就哗啦响了一下。这老太婆听见了,出来一看,就喊有人、有人。

哥俩儿就捂着老太婆的嘴,不让她喊,谁知一下把枪弄火了,"砰"一下把老太婆打死了。枪一响,上房出来人了,我父亲跟我二伯父两个人就跑了,我父亲是骑着驴跑的。

人家以为是土匪来了,就报官,说是"明火"。"明火"这两个字懂不懂?就是抢劫的。

我父亲逃走了,县衙门就把我这个二伯父抓去,判了十年徒刑。因为打死人的是我父亲,是他动枪的,所以我二伯父没判死刑。

我父亲是弟兄三个，[1] 我父亲老三，我奶奶早就死掉了。

我的祖母呀，姓什么我都不知道，有人说姓王，有人说不姓王，有人说姓邵，我不知道。我家里的事情，除非我父亲跟我说过的，我能知道，我父亲没跟我说过的我都不知道，家里没有旁人谈这个事。

我父亲也很少正儿八经地父子两个谈谈家事，有的时候我父亲随便说的，我听见了，不然我就不知道。那我所知道一点儿，就是我奶奶死的时候。

我们家上辈子的人，没有一个是正经在床上死的，我父亲一提到这事儿就掉眼泪。

我们家里的人，实在地说，都是长得一表人才。我父亲年轻的时候也是很漂亮，我的大爷，就是我的大伯父呀，很漂亮，是叫我爷爷给打死的。

我父亲一讲起我大爷这事，他就掉眼泪，他跟他大哥两个人很好。他一说这事儿他就骂。他那时候才十九岁、二十岁。我的大爷和一个乡下人的太太，他们俩有关系。我父亲总骂，说这王八脑袋他当王八，管不住自己老婆，就告状——向我爷爷那儿告状去了。我爷爷火了，你知道，我们那地方的人都凶得很，他火了，他儿子做了不好的事，给他丢脸了。

---

[1] 张学良的祖父张有财早年娶妻邵氏，生有一女，邵氏病逝后，张有财续娶本村寡妇王氏，生有二子一女，即作孚、作霖，女名不详，另有一个王氏带来的儿子作泰。

我大爷也不知道，在家里头吃中饭呢，我们那儿都是炕，他倒着脸子坐在炕上的桌边儿，后背朝着门吃饭呢，我爷爷进来就给他一棒子。听见那人告状啊，他有气，这一棒子就打在腰上了，一棒子就给打倒了，就搁这么死了。

我父亲一提这事儿就哭，说这王八脑袋自己当王八，管不了老婆还乱告状。

那我二伯呢，是剿匪时被打死的，以后他家里的人就住在我家，我父亲给养着。

2. "那国家的玩意儿，能随便给你么"

我这个人睫毛长，比一般人长，你看到没，是不是特别长一点？我们东北有一句话，说眼睫毛长的人不认亲。

我的二伯父，他有两个儿子，大儿子叫张学诚，他到过日本，在日本念过书，也是讲武堂的学生，后来被我给枪毙了，因为他跟日本人勾结。所以，那就有好多日子家里我都不敢回去，怕二伯母跟我吵。二伯父的二儿子，叫张学文，在东北军里当过团长、旅长，现在到加拿大去了。

我还有个姑，姑父姓杨，在我父亲手底下，27师的时候，我父亲当师长，他在手底下当骑兵团长。原来张作相是骑兵团长，他就接（替）的张作相。

我最不喜欢我的这个姑父，我后来当了27师师长，他知道我不会对他有好脸儿,连见我面儿都没见,自己就走了。

我还有个姨,就是我母亲的妹妹,她的儿子来找我,我做事情啦,他来跟我商量。他说你给个顾问呐,我说为什么给你个顾问?顾问不是我给的呀,那是政府的职位。他说你给一个就行了呗,你能给旁人怎么就不能给我?我说你能干什么,给你个顾问?你有什么理由能当顾问,有什么资格、有什么功劳可以当顾问呐?他说你不认亲。我说你要钱,我给你几个钱,就行了呗。那国家的玩意儿,能随便给你么?他就说你这人一点也不认亲,你一点忙也不帮我们,也不说点儿话。

我们家的亲戚都说我不认亲。

3. 大帅本是草莽英雄

(王家那件事后)我父亲没办法,就逃走了,逃到了毅军。那时候毅军是宋庆[1]的部队,当他的部下。

我父亲年轻时候,也很会挑很会打的,人家挑他当护兵。那时候叫"戈什",我想这可能是满洲话,后来我父亲的那些卫士还有叫"戈什"的。他们这个"戈什头儿"叫"戈什达",于学忠[2]的爸爸就当头儿,我父亲给他当过部下。

---

[1] 宋庆,1820—1902年,字祝三,山东蓬莱人,清代将领,手下军队号称"毅军"。
[2] 于学忠,1890—1964年,字孝侯,山东蓬莱人,东北军高级将领。

我父亲给宋庆当卫士，因为这个缘故，那个宋庆对我父亲很好，很不错，后来过了几年，我父亲就升官了，是外委，这个官就是现在的准尉。那时的绿营官制从前面数是副（将）参（将）游（击）都（司）守（备），后面就是千把外委兵，那个外委就是一个小官了。

升官了，就要荣耀回家，我父亲就回到我们乡下来了。

这时他离这个土匪的名声就越来越近了。

刚到家里，乡下旁的人就给我父亲送信，说王家的人看见你回来，上乡政府报告去了，要抓你。没办法，我父亲又跑，没回军营去，军营在哪儿呀？在鸭绿江那儿，那时候宋庆驻到朝鲜去了。我父亲也到过朝鲜，那时候跟日本打仗，就是甲午战争。

他没办法，就跑到一个地方。他认识那儿的一个人，一个兽医，治马的，他就跑到那儿避难去了，帮着人家，当一个下手，所以我父亲会当（做）兽医（活）。

就打这儿起，他反而起来了。

那时候的草莽英雄，凡是有马的人，大多数都是有问题的，还有一种叫贩马的，就是偷人家马来卖，都差不多，都经过这个兽医，都在这个地方转手。所以这兽医呀，跟这些人最容易接触。因此，我父亲自然就认识一些草莽英雄。后来他们这些人，有些就成了我父亲的朋友。

这时候正赶上义和团变乱，东北没有政府了，政府人都跑了，地方都自保。村庄都自己自保了。

就是这个时候,我父亲起来的,这就是人家说他是土匪的原因。

但是我父亲并没有当过打劫那样的土匪。那他这叫什么?他就是跟他那些朋友,有十几个人,做"保险队"。什么叫保险?就是咱们唱戏的那话——坐地分赃。就是你这个村庄我给你保护,你那个村庄我给你保护,你每个月给我多少多少钱。如果有土匪来打你,有什么旁人在这儿经过,我负责给你打,但是你拿钱。就这么着,人家说我父亲是土匪。其实他不是。他那时候大概有十几个人,详细的我不知道,我现在知道有张作相、张景惠[1],这是我知道的。

接下来来了这么一个人,叫海沙子,这是我父亲最喜欢给我讲的一段儿。

海沙子这个人势力很大,我父亲才有十几条枪,这个人有二十多条枪,在那个地方势力相当地大。他经过一个村寨,就是我出生的这个地方,叫八角台,现在叫台安县。完了他就要钱,要过路费,管人要钱。我父亲说那不行,我在这儿保护,你在这儿过要不要钱?那个人说要,你不给我钱就要打。我父亲说,我呀,负责这个地方的责任,在这块儿我拿人钱,咱俩一打的话就把这个村庄打得混乱了,咱俩对打好不好?我父亲身上有伤就是这回落的。他说你的人在那边,我的人在这边,

---

[1] 张景惠,1871—1959年,字叙五,辽宁台安人,老奉系将领,"九一八"事变后曾出任伪满洲国伪职。

咱俩开枪对打，你把我打死呢，我这个地方就归你，我把你打死呢，那你的部下归我。

两个人对打，我父亲身上落了一枪伤，他一枪把那个海沙子打死了，海沙子的部下就都归我父亲了。

海沙子的第二个首领就是汤玉麟[1]，汤玉麟不是我父亲的老底柱，所以后来汤玉麟总是不大好，他就带着海沙子底下的人投降了。我父亲只有十几条枪，再加上二十几条，这时候就有了四十多条枪，那么自己再弄点儿，就弄了五六十条枪。

在当时呀，辽西那一带有"四霸天"，四个霸天呐，我父亲就成为"北霸天"，势力相当大了。我不知道那其余几个是谁，那个冯庸晓得吗？冯庸的父亲就是冯德麟[2]，也是一霸天。

后来，义和团这个事情完了，公家就要把这个地方有次序地清理，谁一说土匪、土匪，我父亲被叫做土匪就这么来的。人家说我父亲是被招安的，投降的，这个至今我都不明白。

可是我父亲还出去打仗呢，那时还没招安呢，有土匪他还去打呢。我的小名叫双喜，后来人家管我叫小六子，不叫双喜了。为什么叫双喜呢？我父亲出去打仗，打了个胜仗，回来（时）生的我，双喜临门，所以乳名就叫双喜。

我父亲被招安，那时的详细情况我就不知道了。他们为什么给他编了一个管带？他顶多有一百多条枪，顶多！至于为什么那时候他们那么看重我父亲，我也不晓得。可是一个管带就

---

[1] 汤玉麟，1871—1937年，辽宁义县人，老奉系高级将领。
[2] 冯德麟，字麟阁，辽宁海城人，卒于1926年，东北早期的高级将领。

相当于一个营了。招安的时候，我已经四五岁了，那时公家给了一部分军队。我就记得他那管带里头有四个哨，这四个哨有的不是他的，是公家来的军队。朱子桥[1]，你知道不？当过广东主席，字子桥，他的名字我一下说不出来，我父亲大概就归他管，我那时候还小，记不得了。那孙烈臣[2]，后来当吉林督军，都是那时候派来的人，有公家的一部分人，有改编过来的，编了一个营。我父亲就当管带，我不明白为什么给我父亲个管带，那时候他只有一百多个人呐。

做了管带后，我父亲驻防到新民府，那个新民府的知府姓增，叫增韫。

4．父亲有雄才

我父亲那个人的脾气很大，那时候新民府离奉天有一百二十里地，有日本人在那儿，我就是在新民府长大的。那里有日本的娼妓，当兵的就去玩，结果和人家打架，把兵给打死两个。打死两个，我父亲就火了，他的兵叫人给打死了呀，就办交涉，一定叫人给偿命，要凶手。那都是官府来办交涉，交涉办完了，一个人给赔偿五百两银子。一个士兵，死了，人

---

[1] 朱子桥，1874—1941年，名庆澜，字子桥，浙江山阴人，晚清及民国后历在东北、四川、广东等地任官。
[2] 孙烈臣，1872—1924年，字占鳌，辽宁黑山人，老奉系高级将领。

家日本赔偿五百两银子,没有偿命。(那)他不要,我父亲非要偿命,把人打死了,给了五百两银子,我父亲火了。过了两三天他弄了一伙儿人,到那去把日本人打死三个。他想这没关系呀,一个人五百两银子,我拿一千五百两银子就是了,你打死我两个,我打死你三个,给你一千五百两。

不过这事儿闹得很厉害,军队就被调开了新民府,到了辽源州,辽源州在现在的吉林省内。我本来今天给你找了半天,怎么找也找不到,把我累死也没找到,我想把我家族的那个照片给你看看。

我的内人,我的原配,就是那时候订下来的。

你知道那时候,人们对我父亲都是敬而远之,都是土匪军队嘛,都怕我父亲。

后来蒙匪就起来了,陶克陶胡,知道这个人不?那不是闹得很厉害吗?一直到民国还闹呢。陶克陶胡手底下有一个人叫牙什,他们两个人是首领,都是蒙古人。那时候由黑龙江来的、吉林来的军队都打不了,又调来奉天的军队,也打不了。那把我父亲调去,也参加打蒙匪。那么我父亲就把那蒙匪给打了。那苦可受大了,我父亲一直把蒙匪给打败,把蒙匪追得已经到外蒙了,把那牙什给打死了,逮着给杀了,把脑袋拿回来了,那时候都砍头。所以我们家有功名啊,要我说,要不是前清亡了,我阔气大了。

后来满清政府就赏我父亲一个功名,因为他把蒙匪给灭了。打完了,赏了他个功名,他不要,赏他功名他不要。那么后来他就把那功名给分开了，给我奶奶一个诰封，就是我祖母哇，给她诰封。给我呢，是一个户部郎中，花钱捐的，我知道，大概花了钱。户部郎中是什么玩意呢？我现在知道了，朝服我还穿过呢，就是财政部的一个科员，户部郎中是五品呐，那时他们总跟我开玩笑，是皇上钦加的五品衔，我当小孩的时候，就戴红顶子。

那个时候，我母亲和父亲拼命让我念书呀，让我将来当文官。要阔气，当文官去。那我父亲没要这功名，就给我了。

现在跟你慢慢地就快讲到民国了，还没到民国呢，就革命了。

我接下来要讲的这件事情，到现在我还不能够知道，我很想找好多人问这件事，到底怎么回事，但是还没人知道。

我父亲呢，他每年总是一次两次地到省城，那时候总督就是赵尔巽[1]。我父亲没有一个人可怕的，没有怕的人，他就怕赵尔巽，就赵尔巽能说他。

他到奉天，正赶上革命，那时革命（军）在奉天的军队（首领）叫蓝天蔚[2]，蓝天蔚有一师，那时候不叫师，叫镇。我忘了那时多少镇了，忘了，大概有二十镇吧。

---

[1] 赵尔巽，1844—1927年，字次珊，汉军正蓝旗，山东泰安人。民国袁世凯称帝时，封为"嵩山四友"之一。
[2] 蓝天蔚，1878—1921年，字秀豪，湖北黄陂人。关于这次揽会事件，及更多奉系史实，可参读陶菊隐著《北洋军阀统治时期史话 1895—1928》。

这件事我慢慢地说出来，我很奇怪，我对这件事感到最奇怪。这里面又插了许多的小故事。

我父亲到奉天去是领饷，奉天那时候就有讲武堂了，我后来也是讲武堂（毕业）的。那时候的奉天讲武堂里有我父亲的部下，包括张景惠都在那儿念书，大概有三十多个人。

他去见赵尔巽，赵尔巽告诉他，说你来得很好，我明天预备死了。我父亲听了很奇怪，你为什么会死呀？你为什么要死？他说，明天奉天的文武官员，就是蓝天蔚等领着革命党人，要推举他当什么委员会的委员长，就是都督一类的。赵尔巽说他们推举我我不做，他们要举立我，我就自己自尽，我就死。他是保皇党，不过后来民国时不做官了，他弟弟赵尔丰你知道？后来在四川的家里叫国民党给杀的。

他说我预备死，我父亲说你先别死，要死大家一块都死，你告诉我怎么回事，你告诉我。那赵尔巽就跟他讲了，说他们明天要开会决定，那时候叫咨议会。我父亲说好，你让我明天去看看，你让我看看，我看看怎么一回事情。

第二天他就去开会了。

这个蓝天蔚，我就不知道了，他是怎么个人，是怎么个事，这个人怎么这么没出息，我就不知道他为什么怎么这样子。

开会的时候，他兵临城下呀，外头都是他的军队呀。当时我父亲也在台上，大家就准备开会。那么蓝天蔚就宣布出来，我要选赵某人当什么什么，大家赞成不赞成，谁不赞成、谁赞成?我父亲就忽然站起来,把手枪"叭"就放在桌上:"我不赞成!"

这还了得,在主席台上动枪了。

这时,蓝天蔚一声儿也没吱,大家就哑口无言了,于是会也散了,给搅散了。

我父亲就赶快进城,找赵尔巽去,告诉他说,我把会给搅散了,但是蓝天蔚走开了,回到他的军队里去,他一定会带军队回来。你赶快给城关了,把城关了。

他(我父亲)想他(蓝)一定会带军队回来,那么你呀,把讲武堂里我那三十多个队员(组织起来),给他们枪,我来保护这个城。赵尔巽说那好,我不但那样,我把城里我的卫队、警察都交给你,由你指挥。他们来了,咱们打就是了。

这就奇怪了,我说的这段,我很希望有一个人能知道,他能知道当时的革命党啊,就是钱公来(国民党党务指导员,曾做过张学良的秘书),你晓不晓得?中央委员,死掉了。

我很想知道这件事到底是怎么个事情。

不但这样,当时我父亲就跟赵尔巽说,你给我命令,我把我的军队赶快调过来。从辽源州过来有好几百里呀,他就连夜调他的军队。可这蓝天蔚就(这么)走了,这一段我就不明白,我怎么也不明白,这蓝天蔚带着他的军队走了,就走了!他的军队那么多,他有一个镇呀。省城没有多少人,他怕我父亲把兵调来跟他打还是怎么个事情？不晓得什么意思，他走了！

那一阵子，我们住在新民府，蓝天蔚退回（到）他的土地，得从新民府经过，他知道我们住在新民府。那时候我父亲也有一小部分的军队驻在这儿，怕打仗预备着。

我母亲也很凶啊，我十一岁我母亲就死了。我那时候还是个小孩，不知道怎么回事，我一点都不知道，我母亲就跟我讲啊，说今天晚上可能会出事。她给我三十块大洋，用白布包着，围在我腰上，给我系上，说今天晚上要打的时候，你就跑。我那时候有九岁、十岁吧，不知道怎么回事，小孩子么。我说，妈妈你呢？她说你别管我，你赶快跑，等着稍微平息点儿呢，你看哪个老头好，跪下给人磕头，把钱给人家，叫他带你找你爸爸去。

后来我才明白：我妈妈预备着要自杀来的，要是人家打来，她把我放走，让我跑，她就自杀。但我就不明白为什么蓝天蔚从新民府通过，就一直退到了他的地方，这一段事情就这样平息了。

我在这里加一段，就是现在赵尔巽的儿子赵世辉，是怎么出世的？你知道为什么他的小名叫天赐？

赵尔巽这老头很有意思，他有个姨太太，那天晚上他说，明天我就要死了，今晚上我要干一下子，但愿能生个儿子。赵尔巽那时还没儿子，结果，后来就这么得了个儿子。

这以后，赵尔巽对我父亲非常地看得起，本来我父亲能起来，就是赵尔巽提拔起来的。那么后来就民国了，后来编了个军队，就这么起来的。

我们兄弟姐妹都一小订的婚，很奇怪，就我这个三妹没有订婚。

我就简短些说，到了北京，我父亲当大元帅时（1927年），那时赵尔巽还在，赵尔巽就想给他儿子求婚，想娶我们家女儿。那我只有一个三妹了，我父亲就没答应。什么原因呢？因为赵尔巽呐，我总跟他开玩笑，我就管赵尔巽叫爷爷，那么我的妹妹也就管赵尔巽叫爷爷，那么，他儿子高我妹妹一辈。我父亲很讲伦理，他就对这事不愿意，没答应。

不久哇，这个赵次帅，我们管他叫赵次帅，就病故了。我父亲非常难过，为这件事情难过，说了好几回。他说我呀，真觉得对不起他，好像我阔气了，他想求婚我没答应。我怕他误会，好像这事我不肯。我不肯的原因不是为别的，就是因为辈数。我知道，我应该答应他。

等到回到奉天的时候，我父亲也去世了。我就跟我母亲（卢夫人）两个商量：他们两个老头，都有这个心意，我是自由派的，就让他们结婚好不好？我的母亲很开通，很赞成，说这样吧，咱们让他们两个会会面，对不对？他们如果自己愿意，就好，如果不愿意，我们也不能硬配。

那么就请赵世辉到了奉天，结果他们俩很好，很愿意，就这样结合了。后来到台湾来了，他们俩到我这儿来过。

第一章　身世：大帅起自草莽

她的儿子我很喜欢，她的儿子叫赵守文，是很了不起的医生，当大夫的，妇科大夫。你没看见过？她后来和白崇禧[1]做了亲，她的姑娘嫁给了白崇禧的儿子。

我和我兄弟姐妹总是开玩笑，我就讲我和我三妹的笑话。

我三妹对我说，白崇禧的儿子很好，我说是很好。她说你看到过他吗？你认识他？我说不认识。她说你不认识他，怎么知道他很好哇，你怎么知道？我说我怎么知道他很好，能不好么？我要有像你这样的一个老丈母娘，我一脚就把你踹出去了。就冲你这丈母娘，他没把你踹出去，我就知道他很好了。你住在白家那儿。

有人上美国回来，见到我跟我说，他说我到美国认识东北的一个人，陶鹏飞[2]，你认识吗？我笑了，我说我认识，我不但认识，还是我的学生，不但是我的学生，还是我的姑爷儿。他把眼睛一瞪，他是你姑爷儿？我看你好像他的姑爷儿。

我父亲这个人啊，我就说我父亲性格啊！

我有两个长官，一个是蒋先生，一个是我父亲。我对这两个长官，我批评他们俩：我父亲这人有雄才，大略不如蒋介公；介公呢，他有大略，雄才不如我父亲。

我就说父亲的雄才，说他这个人的性情，我给你说一两

---

[1] 白崇禧，1893—1966年，字健生，今广西桂林人，国民党高级将领。
[2] 陶鹏飞，张学良长女闾瑛的丈夫。

件。我常跟我父亲说，你这个作风啊！张勋那时在徐州召集开会，这段历史上有的。召集开会，就是讨论复辟。外头传呐，说他要复辟了。我父亲也派（了）个代表，派他的一个参谋长（赵锡福）。

我父亲说，因为这个，差点儿把你爹小命给送了。

有一次，我父亲被人扔了炸弹，有三个人联合炸他，结果其中两个是自己把自己炸死了，剩下一个被逮住了。

"为什么炸我，我跟你无仇无恨？"我父亲问。

"你要复辟，你跟张勋两个人开会，要搞复辟，所以我们才炸你！"

那时候张勋在开会议[1]，召集各省要复辟。我父亲说，那这个事你误会了，我不但没有参加，我还反对复辟。你们就因为这个，很可惜呀，可惜那两个，就那么牺牲了。

他说他们三个是同志。

我父亲问，你还有旁的意思么？

他说我没旁的意思，我们也不恨你，我就恨复辟，我听说你跟张勋了，要复辟，我是革命党人，所以，我要把你炸死。

那你误会了，大误会，根本没这件事。好，如果真是这么回事，我现在就放你走，你出去打听一下，假如说我有复辟的这个事情，你回来再炸我。

---

[1] 1916年6月9日，张勋召集各省督军举行了第一次徐州会议，谋求新霸主地位，直至张勋复辟失败，徐州会议先后召开四次。

我再给你说一样他的事情,他有几样事情我一讲,头发都会站起来。

吴俊升[1]知道不?黑龙江督军。吴俊升是我五弟弟的干爸爸,我喊他吴大爷。正月初三初四,反正是他来给我父亲拜年的时候,我们也给吴大爷拜年。

他来的时候就预备好了,就是现在的本票,我们那个时候叫"扉子",五千块钱一张,他给我们一人一张。

我父亲一见就火了。我父亲管他叫吴大哥,他说:"吴大哥,你这是干什么?你这就不对了,过年了小孩给你拜年,给钱可以,你怎么一个人给这么多钱?"吴俊升说:"大帅呀,我的钱,我的一切还不都是大帅给的?都是你给的。"

我父亲立刻就把脸绷起来了:"你说的是真话?"吴俊升看我父亲把脸沉下来了,他一愣:"那我说的还能假吗?"我父亲说:"你可要说真话呀,既然你这样说,你不要给他们钱,你呀,回到黑龙江好好地做事,不要让黑龙江老百姓骂我的祖宗。"

这吴俊升趴地上就给我父亲磕个头,跪在地上就把头磕了。

我就说,我父亲能够对付他们,你听他说这个话,多厉害!我当时在旁边站着,看得毛骨悚然。

---

[1] 吴俊升,1863—1928年,字兴权,山东历城人,老奉系高级将领,死于"皇姑屯"事件。

他们不是拜把子的。

我父亲是 27 师师长,冯德麟是 28 师师长,奉天原来有五路军,吴俊升是后五路的统领,后来编了 29 师师长,和我父亲可以说没直接部属的关系。不过我父亲当督军,那么就是 29 师的师长也怕他。

第二章 年少时:将门父子情

> 因为我和父亲的关系,不但于东三省,甚至于世界都发生了变化。不是我当军人,不是我管东北,也没有这些,说起来太多呀!我说是上帝的意旨。
>
> ——张学良

1. 少年聪慧

我父亲非常艰苦，很艰苦，有好几个原因，一个是我十一岁时，我母亲死了。

我母亲跟我父亲受了好多年苦，苦到什么程度？两三天没吃到饭，没有饭吃，就是我父亲逃走那个时候。可是我十一岁，妈死了，所以我父亲对我很特别，这是第一个。

第二点呢，我母亲扔下我们三个人，我姐姐首芳、我一个，还有我一个弟弟，三个人。我是跟我姐姐也不和，跟我弟弟也不和，我都不喜欢。

那回，我大概是十五周岁吧，我父亲一个人跟我说，他说呀，你晓得吗？你妈妈死的时候留下几万块钱，那个钱在你姐姐手里头，那个钱应该你们三个人分，不是你姐姐自己的，是你们三个人的，那也有你一份。

我瞅瞅我爸爸，笑了，我说那几个钱算个什么玩意儿？别说那几个钱，就是你那个钱，我也没看在眼里。我爸爸把眼睛瞪得圆了，瞅瞅我。我说我能挣，我比你挣得多，我自己会挣。

我父亲看着我，说，你好大的口气。

我姐姐跟我第五个母亲不大和睦。她写了一封信给我父亲，诉说我家里的种种不公，我父亲看了又生气又难过，便把我找去了，拿信给我看。他说，好吧，我待你们姐弟三人不公平，那给你们几个钱，你们自己去过吧，咱们也不用见面了！我说，爸爸，你生什么气呢，你着什么急呢？她是个女儿，过几年要出嫁了，她不是我们张家的人。你要看我呀，我是你儿子。你有事你不靠我？你管那些干什么？别理她得了，过两年她不得走啊，你生什么气呀？有事情你可以都跟我说。我都是十五六岁了。

那时我差不多十六岁，我父亲就觉得我很奇怪，看我这个人很怪。

我父亲在的时候，我们不敢吃好的，叫他看见了就打。

平常吃饭，厨房里就开四个菜。我最怕我父亲的就是吃饭，有两件事儿。第一件事，他喜欢吃的菜，他就给你夹，哎呀，要说他吃的那玩艺儿，我可真不能吃！蚕蛹，吃过没？他最喜欢吃那个。给我，我简直不能吃，没法吃！还有，他喜欢吃那个臭鸭蛋；第二件事，吃饭你可不能掉东西，饭粒掉桌子上，得拣起来吃了。掉地下，你也得拣起来吃了。这是最怕的！

我告诉你，你绝对没想到我穷的时候，到怎么穷啊？连买牙膏的钱都没有了,我穷到这个时候。抗战的时候,在贵州,我腰里一个钱也没有。公家应该什么都管,但是牙膏这事儿得自己花钱买,就没那个钱买牙膏。大伙吃饭,就是煮一锅菜。也不能说苦,要说苦(也)不能说苦,是俭朴。

我父亲顽固透了,顽固到什么程度?到民国了,他不允许我剪辫子。

我父亲当将军的时候,那时候有个袁金铠[1],到现在我都感激这个袁金铠,他帮我好大的忙。我的老师跟我父亲有关系,是我父亲家乡的,原来我父亲小孩子时跟他念书,我父亲对我的(这个)老师很看重,叫杨景镇。他出了一个题目做古文,我这个古文把他惹火了,他跟我父亲说你这个儿子我教不了,我不教了!我父亲非常火。

那时候,我父亲当将军了,他的秘书长就是袁金铠,为这件事,我非常感谢他。我父亲要预备鞭子打我,给老师看,要打我,为什么老师走了?我那时候已经十七八岁了,那篇文章的全篇我记不得了,还记个大意。袁金铠就问,为什么生那么大的气?我父亲说我这儿子太不争气,写文章骂老师。

袁金铠说,学生写文章骂老师,也是很有意思的一件事,问我父亲,你看过他这篇文章没?我父亲说我没看。他说,好不好要来看看,我们看看好不好?就跟我要文章,我就拿出来

---

[1] 袁金铠,1869—1946 年,字洁珊,辽阳人。

了。什么文章？老师的题目是《民主国之害甚于君主》，我一开头头一句还记得呢，我在里面发挥好多，我到最后说，民主国之害甚于君主，说这话的人是坐井观天。老师说这句话是骂他。

这文章拿来一看，袁金铠就说，唉呀，这个先生教不了这个学生，这学生不是这个先生可以教的。

我父亲气就消下来了，就不想打了。

后来我父亲就说，你们是不是给我介绍一个先生？这样我就不跟那个老师念了。

我就跟着另一个先生，那个先生姓白，白永贞，后来代理过奉天的省长，他教了我一年多，不到两年，就跟我父亲去说，他说你不要你儿子念书了，他不是念书的料，不是一个坐屋念书的人，他要干什么，你让他干什么好了。

后来这个白永贞就辞馆走开了。

2．本想学救人，却变成杀人

我父亲想把我造就成一个文人。我也很奇怪呀，我这个人根本是想学救人，没学成救人，结果后来变成杀人。我要学医的，我到现在还喜欢医生。我父亲很好，他也不吱声，也不说不赞成，可他不说我也没办法。后来我就学造药、制药，还想学农校。

我的后来和青年会关系很大,我认识一个人,叫陈英,青年人,当过奉天车辆局局长。那时我身体也不太好,其实我都不知道我能活这么大岁数,我说感谢上帝,我的一切都是上帝给的。我年轻的时候还吐血,他就跟我说,你这是有肺病。

我年轻的时候——我跟你说天下事情,一会儿我太太要急了找我,你别笑话我怕老婆呀。——我本来是不想当军人的,我自己知道,我这个人是想干什么呢?你知道?我是想做一个自由职业者,画画呀、当医生呀什么的,随随便便,我要干什么就干什么。还有,我说这句话你别笑话,自古英雄多好色,我还喜欢跟女人在一块堆儿玩,我想自自由由的,可是我一有政治的事情在身上就不同了,后来就不同了,那时候我是想这个。

我父亲这个人,很有意思,他也不说反对,但是他不让我去走那个路,我也没办法,所以我说这是上帝的旨意。当然我这个当军人呢,我自己现在想,因为我和父亲的关系,不但于东三省,甚至于世界都发生了变化。不是我当军人,不是我管东北,也没有这些,说起来太多呀!我说是上帝的意旨。

我没跟你讲过,我跟(别)人都讲过,陈英,就是陈自雄。

我就跟一个青年会的干事两个很好,我想逃走,要跑到美国去,我不管我父亲了。我那个青年会干事他是赞成我的,那个人说好吧,我帮你忙。他替我把船票都买好了,我到现在还记得，七十块多美金买一张船票，那时候我自个弄的七十多块美金，他给我船票买好了，他帮我忙啊，上美国去。船票都买了，三点的船票。

我上了他的当。他这家伙真是会诲人，他跟我说你这个身体不好，我身体那时候很不好了，他说你英文也不是那么好，你这个什么数学这一套你都不懂，你上美国去能行吗？那时候中国人还不能做工呀，他说我给你介绍一个教会人家。你帮人家打杂自给自活，你再念书。

我说好。

我跟他一直很好，他说你到了美国，那时候学生不能做事呢，他说我给你介绍到教会的人家里去，你住在人家。我没钱呀，住在人家里，给人家帮帮忙。

后来陈英就知道了，他说你这人傻瓜，你到讲武堂去，我还照样去讲武堂去教你呀，你还照样可以学呀。（这样）我就进了讲武堂，在那儿当的军人。

我现在是个基督徒了，这些事啊，不能说是迷信，这都是上帝的安排。

我就是这么样起来的。

本来天下的事情变化多端，我就说这个变化，日本人呀也看中我了，日本答应我进日本陆军大学，那我非常高兴呵，到日本陆军大学去学习，我也不会日文，日本陆军大学有这样一个规矩，贵族这样的人，可以带着一个人，叫伴读，都答应我这样了。我就要上了日本的陆军大学，得意得很，第一次奉直战争就起来了。要不是这个事,我就到日本去了,如果这样到了日本陆军大学,后来的事就又有了变化,我就变成派到日本去的了,当然就跟日本合作了,到日本留学回来的,那么怎么样变化不知道,但是肯定会有变化。

后来这个陈英啊,这个人很好,他说你那么办,你就对不起你爸爸。他说你那么做,真要走了的话,你不伤你父亲心吗?换句话说,那也做不好呵,我给你出个主意吧。那个时候他很聪明,我那个时候,什么几何、化学我都不懂,我就到他的学校去学。他就劝我,他说你跟你父亲说你要学军事,他一定愿意。他就要逼你学军事。那你到了美国以后,他管着你了?

主意不错,好,他这个办法想得好,我父亲他这个当可上大了。

我就学军事,这笑话就多了。

我考保定军官学校考上了,我跟陈诚兄同学,他也第八期,不过我没去。

那时办讲武堂[1]了,讲武堂的教育长熙洽是陈英的好朋友。陈英说,你到讲武堂当学生去,我还照样教你化学、物理。你当军人,把身体锻炼好一点,将来什么都可以干呐。

---

[1] 1919年3月,张作霖将原东三省讲武堂改为东三省陆军讲武堂,张作相任堂长,熙洽为教育长。第一期从1919年5月入学,1920年4月毕业,张学良为一期生。

我说，好吧。

我去跟我父亲说，我父亲大吃一惊啊，他说什么，你要上讲武堂？你别给我丢人了，你去了几天干不了，再出来？父亲是讲武堂的堂长，他就怕我丢人。当然，我这人就怕别人说这话，我说，什么？人能干的，我就能干了。假使你那些人，那些学生都干不了了，那我不是一样的，大家都干不了；要是都能干了，我就能干了。

他们都笑我，说你得了。这把我气坏了。

我父亲甚至答应说，你在讲武堂要能毕业的话，回来我就给你当营长。

好了，我头一个月就考了个第一，第二个月又考了个第一。

因为什么考了个第一？也不是我出色，因为讲武堂的学员都是军人么，我是个学生啊，我记忆力非常强啊想当初。现在老了，我到现在，那功课要紧的地方还能背下来呢。那么在学校里就闹风头了，就说这些教官因为我的地位关系呀，和我勾结作弊。

忽然这一天，我们教育长就上堂了，他就宣布说，因为学生当中传说教官们作弊，我今天来就是要验证来了。叫我们把座位都调了，大家彼此座位都调了。

他出了四个题。

我们是两个教育班，我们这个班差不多一百多个人，没有一个人答完全了，就我一个人答全了，四个题，我都答完全了，都答对了。他当时在堂上，说我这可没作弊呀，你们看，你们谁也没答完。

本来大家还没注意我、特别关注我，这么一来，我在讲武堂，在同学之中，在教官之中，就引人瞩目了。我就这么样同郭松龄结成了朋友，这郭松龄也看中我了。

那个时候，张作相是东三省讲武堂的堂长，我父亲的兵权都在张作相那儿，我后来当军人，一直都是张作相把我提拔起来的，张作相和我父亲是拜把子，我们不是一家。

张作相是27师师长兼奉天卫队旅旅长，本来他想让出这旅长职务的，就因为我，他不让了。我在学堂里还没毕业呢。到第三期快毕业的时候，我就当了他卫队旅第二团团长，那会我还在学校，还没到任呢。不但当了团长，他的旅里有事情，什么参谋出缺了、副官出缺了、旅里还有什么问题了，他都要问我，要我过问。我那时候没出学校呢，那我毫不客气，没有顾忌，就等于我当旅长了一样。

所以，我在讲武堂当学员，从我当卫队旅长开始，我实际上成了张作相的代理旅长，他仅是名义上的旅长，我一直跟在他后头晋升，他是师长，我当旅长，他当督军，我就当他的师长，直到拿到军权，我都不知道怎么拿到的。

他老先生当师长的时候，很节俭。我们那里，吃鸡蛋有种吃法叫炒鸡蛋酱，就是把鸡蛋搁点酱炒咸了就饭吃，他老人家早晨吃鸡蛋酱的时候，一个鸡蛋还要剩一点儿留着中午再吃呢！

毕业后，我二十岁就正式当团长了。当团长的时候，我那些部下、那些小兵跟我开玩笑，管我叫"黄嘴鸭子团长"，意思就是还嫩着呢！我那个团的第二营营长，是当年我父亲的一个号兵，他当了我的第二营营长，我小时候他抱着我玩过，（现在）我当他团长了。

他这小子总跟我开玩笑。

我非常认真，当团长的时候，外头出操，我就在操场上站着不动弹，他跟我小声说，他说团长啊，你回家玩去好不好？你不走，我们也不能走。他姓赵，我总说赵营长，你要再这样，别说我罚你啊。结果我这个营长打仗，头一仗就被打死了，我很想他。

第三章 女人们：平生无缺憾，唯一好女人

> 我从来不追女人的，很少，没有。可以说一两个女人我追过，其他的我没追过。都是女人追我。
>
> ——张学良

1. 贤妻良母于凤至

那个辽源州的商务会长啊,后来就是我的岳父,他跟我父亲非常地好,他看中了我父亲。人们常说慧眼识真金,他说我父亲这人可不是个平常人,他将来一定会有作为,就给我订亲家。我太太比我大三岁,就订亲了。我们那时候都要订亲,我根本就不知道她什么样的,所以,我跟我太太就是不太和气的。

我的孙子、孙女好多呢,那些乱七八糟的都是我太太把我放纵的。

我跟你说什么道理,我跟我太太啊,我不喜欢我的太太,我们是媒妁之言、父母之命。我跟我太太说,你嫁错了人,你是贤妻良母呀,可是张学良不要这个贤妻良母。我是上战场的人,那打起仗来,真不知道谁能回来谁回不来。我跟你说,她对我很好啊,怎么好?我给你说个中道理,你们大家大概都不知道,我太太生我的这个第四个孩子的时候,就得了很重的病,差不多是不治之病。

那时,她的母亲还在,那我父亲很喜欢我这个太太,我父亲跟她的父亲也很好,所以我们做了亲。她比我大三岁,那会她病得已经差不多了,中外医生都束手了,都说她一定要死了,那么,她给我扔下四个小孩子呀。于是,我岳母和我母亲她们就商量,我太太有一个侄女,就要我娶她这个侄女,以便给她照料她的孩子。

这我就反对,我跟她们说,她现在病这么重,真要我娶她的侄女,那我不就是这边结婚,那边催她死吗?那叫她心里多难过?我说,这样,我答应你们,如果她真的死了,我一定娶她侄女,你当面告诉她,她自己要愿意,愿意她侄女将来给她带孩子,管着孩子。这样呢,大家放心了。

她后来病就好了,没死。那么她就为这件事情很感动,所以对我也就很放纵,就不管我了,拈花惹草的。她也知道我和她不大合适。

(后来)她随我到南京,又到了上海,我的太太拜这个宋老太太为干娘,那时候都兴认干亲,我太太是宋老太太的干女儿[1]。

2. 我和赵四

有人开玩笑说,张学良跟赵四小姐恩爱。其实,如果不是

---

[1] 于凤至曾拜宋美龄的母亲为干娘,宋母认她为四女儿。

把张学良关起来了,他可能早就去找别的女朋友了。

我跟你说,我这个生活呀,就到了三十六岁,假如没有西安事变,我不知道我还会有什么经验呢。

所以,我现在的太太,有一天,她跟我说句话,她说如果不是西安事变,咱俩也早完了,我早不跟你在一块了,你这乱七八糟的事情我也受不了。

我跟你说,她是这样子,当年我到溪口(1937年1月)的时候呀,蒋夫人不让她跟着我,觉得她像个姨太太一样,蒋先生也是不方便的。可是到了北投(张学良在台北的寓所),到了这个地方以后,蒋夫人非常喜欢她。我跟她结婚,差不多是蒋夫人的力量。我们结婚的时候,蒋公没去,蒋夫人去了,可以说我们能结婚,有蒋夫人一半的力量。蒋夫人非常喜欢她,当年不喜欢她,后来非常喜欢。

3. 非常喜欢梁九小姐

我过去做事情,我这个人我自己向来是有分寸的,我也知道我自己,我自己给我下个考语:平生无缺憾,唯一好女人。

我这个也是(有)种种原因。

我的第一个原因,我父亲也等于放纵我,也不是放纵。

我父亲他最喜欢晚上吃完晚饭以后没事,他一个人坐在那儿喝酒,我那时候是专门找这个时候陪他喝两盅。他喝酒啊,吃点肉，就跟他喝两盅，他喝得多一点，也不是喝醉，喝得有意思了，这事儿就好办了。要钱也好，跟他商量事儿，就好办了。他有时候在我这个母亲这儿，有时候在我那个母亲那儿。

有一天，（父亲）在我第五个母亲那儿喝酒，喝着喝着他说，妈的，你这小子啊，你当我不知道呢，你净出去跟女人在外头混，混女人。我告诉你，玩女人可以，你可别让女人把你玩了。我的五母亲说，得了吧，你儿子够坏的了，你还教呢！

潘邓，你懂不懂？潘安漂亮，邓通有钱，这骂人呐，都说女人。"潘驴邓小闲"，这你懂吗？那个闲哇，就是侍候女人，你得有闲功夫。我说我呀，这哪样都有了，可是我没有闲。但是我有一样，权势。我年轻，我就有权势啊，人还不是都喜欢权势，可是我可以告慰我自个儿，我这个人从来不加女人以权势的。我跟女人是这样，你要不理我呀，我也就不朝前。

我跟你说一个人，现在这个人死掉了，她自杀了。

你也许能知道，天津最有名的梁家，梁家有四位小姐。这个梁老头是真有意思，他有很讲究的大楼，楼上不点电灯，都点油灯。为什么呢？怕电灯走火。那么阔气，没有汽车。他是天津怡和的买办，是何东最好的朋友。他有四个小姐，我非常喜欢他的九小姐，他这个九小姐嫁给这个叶公超的哥哥，自杀死的。

我就跟（她）开玩笑。她说，张先生你不要跟我开玩笑，好不好？我问她，你喜欢我不喜欢我？她说我喜欢你，你不要跟我开玩笑。她说你能娶我吗？你真能娶我吗？

后来，她嫁人了，她嫁了以后，我还到（过）她家里，可怜呐！她说，张先生你到我家，我不能请你吃一顿饭，我没有钱请你吃饭。

她死得很可怜呐，她爸爸很有钱，她出嫁的时候，叶公超的哥哥也很有钱，因为他有钱，她爸爸就陪嫁了四千块钱，那么叶公超的哥哥就看不上她。你听我慢慢讲她的故事。

叶公超的哥哥有肺病，到青岛养肺病，她生了一个儿子，养肺病的时候，他很苦啊，她陪着。病稍微好点儿，在一个宴会的席上，有一位太太就跟她丈夫开玩笑，灌他酒，这个太太是谁，我现在不知道了，反正也是一个交际花之类的，灌他酒。他的太太就跟他说一句话，说你（病）刚好，你少喝一点吧。这不是好话么？他过去就给她打了，给她一个耳光。

她转身走了，坐火车上上海去了，自己坐火车，在火车上自杀死的。死了以后，她留下个儿子。

她这个父亲死了以后给她留下四十万，这四十万块钱，那时候何世理我们商量，大家说绝对不去给她丈夫，大家给她管着，等孩子大了给孩子，不给他。

可怜呐，这个女的，自己自杀了，吃了好多个洋火头儿。很刚烈的一个人。

那个何世理的儿子的丈母娘，就是梁九的妹妹，梁九、梁十、梁十一，记不得是梁十还是梁十一了，我跟梁十是好朋友。这个梁家的太太非常聪明，这梁十也对我很好，她妈看出来了，她把她闺女送走了。（后来）梁十死在大陆上。

4．很多女朋友

我有好多女朋友，我最奇怪的是这三个女朋友的丈夫，那一个比一个不用说了，他们大概明明白白知道我跟他们的太太（的事），可是装傻。不是没地位，都是相当有地位的，很奇怪的。我就说奇怪的人、奇怪的事情。

有一样啊，我有势力，和权势这也有很大关系，我并不是仗着我权势来，人家是因为我的权势而来，这也很有关系。还有我就不说了，我再说这个你就明白，女人要沾上我，她就不离开了。我要是年青人，我就开课了，讲怎么管女人的事情啊。

那三个女朋友是哪三个，我不说，我不说了。我告诉你这个，中外都算上，白人、中国人，那个嫖的不算，花钱买的、卖淫的不算，我有十一个女朋友，情妇！我的情妇算一算有十一个。

我跟你说一段小故事，我说过吧，不是无名小辈啊。

我到上海的时候，我到人家里，她家请客。她给我写过一个纸条，我说过吗？纸条上写的：请你可怜可怜我，今天晚上你不要走。我就给那个纸条改了两个字，请你可怜可怜我，今天晚上你放我走。这是谁,这不能说,不能讲,这个人已经死了。

她是我表哥的姨太太,我表哥给我父亲做部下。

她并不是个好人,是个暗娼,我表哥娶了她,那我常到他家去玩去,那时我才十六岁嘛,有一天家里没人,她调戏我,所以我坏蛋就是从她身上学来的,我也因此看不起女人。

我这个表嫂呀,大家都给她起个外号,说她是连长。懂得么?她男朋友有一个连那么多。

我再给你讲一个,我这三个里头的一个,她的先生是个很有钱的一个商人,相当有钱。我跟他太太来往,他太太是中式女校的学生,上海一个女校的学生,我跟他太太来往。我专门讲"春儿"的故事了呵,他的太太陪着我玩,常常两个人开着汽车。

有这么一天,我到他家里去,在客厅两个人衣服都脱了,两个人刚脱了,她跑了。她跟我讲啊,她说所谓的她丈夫,实际是她姐夫,她跟她姐夫发生关系了,她离不开他了。那么她就是她姐夫的外家,所以我就跟她俩玩,差不多就(发)生关系了嘛,她跑了。

(后来)她回来问我,我不好意思,我怎么说?我这人很规矩啊,这个地方向来我不强迫女人的,以后我就不来往了,我就不找她了。

过了两年多了,她有一天上我这来,找我来了。她来了,我跟她开玩笑,我说这可不是我找你啊,是你送来的。她丈夫姓齐，我说你来你丈夫知道么？咱俩的事你跟你丈夫说过么？你丈夫呢？她说他让我来的。我说他让你来的，当然就可以公开了，没事了。

我就说这三个特别的，这个是她丈夫有点事求我，这个事情给他解决了，解决以后，她丈夫跟她俩来谢我了，我跟她丈夫开玩笑，我说你别谢了，你也有代价的。她丈夫也笑了。

另外一个更奇怪了，另外一个人，我跟他太太非常好的，他看出来了，后来我和他太太发生关系了。她自己告诉我，她说他跟我讲啊，你跟小张两个人玩要小心啊，这个家伙靠不住的。她说我扑哧笑了。还有什么靠不住的，都已经发生关系了！

她丈夫差不多也知道，很奇怪的，她丈夫很有地位的，很奇怪，我打电话，她丈夫说你接电话吧，有你一个好朋友来电话。

我在电话里都听见了。

我给你讲一个真的故事，你不讲心理学，你就不知道这男人的事情，很奇怪。

有这么一个真实故事，还有首诗呢。他这个人呐，他这（两）个太太，一个姐姐，一个妹妹，我这是亲眼看见的。他姓苏，大伙就管他叫苏大个子，他的两个太太，姐妹两个，随便跟人家搞，他不管。我亲眼看见过，那时候我还年轻呢，十几岁的时候，他请我吃饭，我亲眼看见他太太，人家吃饭的时候，他太太就像一般的姑娘坐到人家大腿上，他的第二个太太，就是那个妹妹，饭还没吃完，她们俩就走了。那时就觉得不是好事，她们俩就走了，待一会她们俩回来了，一点也不在乎。他也一点不在乎。

这还不是最奇怪的，后面的事情更难让人理解了，这个姓苏的人已经死了，病死了，两个太太都自尽了。那这是怎么个事儿？让人不能理解，不明白。丈夫死了，（这）两个人都死了。你说这是什么道理？所以这人呐，有些个事情你不知道底细，你没法知道它到底是怎么个事情。你说这究竟是怎么个道理？他怎么就两个人都自杀？一个人自杀还不行，姐妹两个人都自杀了。

男女关系要说保守，也要看是怎么个情况。我跟你讲，这个事情，我现在常常说这么一句话，人就是一张纸蒙住脸，别把那张纸揭开，你要揭开了，那后幕就不定是怎么回事，你别揭开。仁义道德，就历史上那个理学家呀，你知道那个理学家的故事？宋朝的，我忘了是谁，他就是跟他侄女两个人。那还是理学家呢，和他自己的亲侄女，是谁我忘记了，说不出来了。

人就是一张纸，你别揭穿，你要揭穿就那么回事。

有句谁说的话，也很有意思，你知道清朝的大儒纪晓岚他说的话吗？生我的，我不敢。我生的，我不淫。其余无可无不可。这是纪晓岚说的话。

在西山，康熙皇帝就问他，你怎么了，怎么回事？

哎呀，老臣呐，好久没回家了。

他好多日子没回家了，康熙怎么样？就赐给他两个宫女。俩宫女陪他，你说这纪晓岚的事儿。

我现在就是张狂。

我这人最好扯的，什么话都扯。要是没有太太、没有女人，我更会扯淡，喝点儿酒（太太）就警告我说你不要再扯淡了。人家说老要张狂少要稳，我现在就是张狂。

天气热了，我前一段感冒就是因为脱衣服感冒的，老了，岁数大了！

我现在我不好意思说，我接触了十一个人，这十一个人都是正经人呐。我接触的一个小姐，我不能说这个小姐是谁，那简直淫荡极了，我没看见过这样的人呐，跟这个一般的姑娘不一样，我从来没看见过这个。我不能说她名字，这个人简直啊，我跟你说她淫荡到什么程度，她每一回见我面，不管在谁家，她一定要来这个。

她这人奇怪了，她从来不跟我说实话，后来我并不太喜欢她。

那我说你跟什么人学来的？她就不说，不说啊！我这人最不喜欢人家不跟我说实话了。我喜欢女人我问她事，她就告诉我，我就喜欢。她不告诉我实话，我说算了，我不让你说了。

这个人那简直是，我所接触的女人，就是卖淫妇都有，（但）都没有她这么淫荡。我说这话，就是（说）这人和别人不一样的。

我有一次去跟她告别,我要走了,就去看她,见她一下,我说我要回东北去了。我刚要走,她说你就这么走了?非要来这个不可,你说这人奇怪不奇怪?

她需要,她一定需要,当然我也晓得她一定旁的男人还有,但是,她绝对不告诉我别的男人谁,我想不明白她怎么会这样。

后来这个人更好玩,我给她拿钱,把她送到美国去了,她跟老先生就是蒋先生的那个亲戚,在一个船上。后来她回国了,到美国念书回来了,她是上海中学的学生,她回来了,我到旅馆去看她,她头一件事就要求这个事。我跟她说你到美国还不有的是男朋友吗?你怎么解决呢?她说那你管我怎么解决呢?

我说,这个性欲高不高男女也不一样,我看她大概非常需要。

我跟你讲,这人呐,我想我这个人也是天生的不同。这人的年龄、生活不同,对男女关系的要求也不同。

5. 叶公超、顾维钧逸事

对叶公超我看出了一件事儿,我不说这女的是谁,我不能说啊。

我看出一件事，很怪。那个时候我不了解叶公超，叶公超与太太不和。有一次叶公超在病院里养病，我看见一个女人来看他，我就很奇怪，这个女人来看他干什么。我不能说这个女人是谁，不是说是谁的太太，而是一个商家，很有名的一个商家的太太。我也认识这个太太，我还很奇怪她怎么来看他呢？那你这一说我就明白了，他是好色。那个太太长得相当漂亮。不过我不晓得叶公超这段儿。

叶公超，我总管他叫小叶，怎么管他叫小叶？

那时候他在梁家，我们在梁家打网球。那时候天津也很可怜的，只有梁家有网球场，我喜欢打，那么就到梁家打网球。

他那时候刚从美国回来，大伙要买点什么，就说，小叶你去买点儿冰激淋，买点汽水去，支使他。拿钱要他去，就支使他。他不打球，在旁边坐着、跑腿。我后来就一直管他叫小叶。他对旁人讲：他还管我叫小叶？

我跟他叔叔是好朋友。

他后来在菲律宾的时候，写了一个东西，他还写西安事变，他告诉我的。他说我有个东西。这个东西到现在哪儿去了不知道。他写的一个东西，相当于他五十年的日记差不多，里头有西安事变。他跟我说，这个东西交给了一个人，我甚至可以找到这个人，现在说不来他叫什么，中国人，在美国开了一个公司。他说交给了这个人的太太，转到了这个人手里头。

他并且自个儿说：我死了以后，最好是五十周年的时候发表。

这个事情因为蒋先生也知道了，蒋先生就叫我去给找这个东西，我特别托人去，这个人不提，说我不知道。那么这个东西到底是在哪儿就不知道了。

有人就说，它在另外一个外国人手里，不知道了。

孙中山我见过一回，病重的时候，在天津。

你知道他的病怎么来的？就因为见我父亲以后病的。他本来有病，见我父亲那天很冷，大概屋子里很热，感冒了，所以，病情发作了。

他病重的时候，我去看过他，晚上去的。孙先生跟我说了几句要紧的话，我到现在还记得。他对我说啊，现在国家的责任就在你们年轻人身上，你是东北人——当然他不是特别指我的身份地位。——你们介乎日、俄红白这两大帝国主义势力之间，你们很难应付，尤其是你们东北的年轻人，责任就更重。

这是我见过他的一面，生活中我有好多总理给我写的信，都是总理签字的，我想不起来搁哪儿了。

顾维钧么？当年我们搁北平的时候，我有一个女朋友，这个女朋友，你要问我，名字现在我也可以说。他看中了，他要我给他介绍，我说我才不给你拉皮条呢，你愿意去你去，你什么你都整？我说你什么你都想，他就让我给他介绍，我说我才不给你介绍呢。

顾维钧这个人，我非常佩服，这个人呐，我批评他，实在是个能干的人，但是他不卖力气。他要是真卖力气他真行，可是他不卖力气。这个人，我跟他我们两个人过得很好。

梅兰芳看到他，都打千啊，所以后来我们到上海，梅兰芳看见我就躲开，不好意思，名人是一个原因，我们是看他毫不客气啊。

我们奉天有一句话，非常到家的一句土话：泄底就怕老乡亲。你是怎么回事，我都知道。他不愿意让人家知道这事，他已经是名人了嘛。

我跟他两家很好，我们俩在一起，他太太也知道。我们在巴黎要出去玩去，他太太说叫他带你去玩去。我在巴黎我也不会说法文呵，她说叫他带你去嘛。

跟顾太太熟呀，我就是跟他后来的太太在一块玩。杨××还在的时候，那时候他俩就是公开的秘密，一点也不在乎，他们两个人，尤其是这个杨太太，一点也不在乎，我真佩服她。我们在一起打牌，在一块玩。

那时是西安事变之前，我总在杨××家里打麻将，他们俩我们嘴里谁都不说，不过心里都明白。看他俩的样子，他跟杨××的太太恐怕早就有关系了。为什么呢？杨××的太太生了一个小姑娘，小姑娘我看那已经三四岁了，那跟这个顾长得一模一样的，那长得！

我跟你不说正经事，咱们说扯淡的事，我们打牌，我心里明明白白的，就不讲他什么事了，不给他讲穿了。我们在杨××家里打牌，外头有事请客，要到外头吃饭去，牌也不打了，还说什么啊？就走吧。他们两个一定要上楼，要去待一会，两个人干什么啊？明明白白地干什么去啊！吃完饭各人回各人家，散了，他俩一定上楼，她就一点也不在乎。

我在杨××家里打麻将，顾太太来了，拽着顾走，顾坐那儿就不走，这个顾太太指名骂杨××的太太，指名骂，你这个不要脸的东西！这顾太太拿着茶水，给顾的头上哗哗哗地浇下去。顾呢，我就是不动弹。浇完了，她也没办法了，走了。她当我们面骂杨的太太，骂的那个话，不好听得很呐，那杨的太太也坐那儿，也不动。我们在那儿也不好意思。

这个杨啊，也很奇怪，我跟他也很好。这个男人啊，他真的奇怪，他跟我们讲过，他说，外头的人都说我太太跟顾有关系，我说我看不出来。

可是呢，他也干他的。杨另外有个女朋友，他这个女朋友是谁呢？那个驾飞机的叫什么，你知道不？一个女的，那时候女的会驾飞机的，恐怕就她一个人。他跟她俩，公开地。他一天也不在家，我们在这儿玩没他，他就跟那个女人去玩去。所以我们那时候说笑话，我们就在后头说笑话，说他干他的，她干她的。就是哥俩分家，你懂得不？各人干各人的。

顾太太，黄××，不是现在的太太啊，看见我，说我喜欢她。我说你别往你自己脸上贴金。

她是怎么回事呢？大概她是这么一段事情，当年顾逃亡的时候，住在北京饭店，我去拜访她，拜访她是要打听顾的消息。她就很随便。她比我大差不多么一倍的岁数了,我讨厌她透了。

顾太太最坏,我不理她,她恨透我了。我和顾是好朋友,她有的是男朋友,我和她毫不客气,我做的一些事情她气死了。顾太太过三十几岁的生日,我找到一张她的相片,上面写着年月日,要按相片上的时间推算,那她当时才两岁。我就说,你们看,这顾太太两岁的时候就长得这么大。这就是我干的事。我看见有什么毛病,马上就给她说出来。

她和我已离婚的太太很好,一起打牌,她偷牌。就这么一个人。

第四章 内战和将领们

> 打死的都是相当的佼佼者,剩下的无能后辈,来请功受赏。这要真是有意义的战争还可以,这个战争干什么呢?
>
> ——张学良

1. 我的带兵之道

你知道奉军是怎么起来的？怎么叫奉军？奉军的势力怎么大起来的？

黎元洪当总统的时候，段祺瑞当国务总理，黎元洪买了一批军火，计划是从秦皇岛上岸。段祺瑞就派个人，叫伍大泉，我到现在还记得，伍大泉奉命经手办这件事，段祺瑞当时也正在扩充军力。由于机密被段的陆军部次长徐树铮探知，他就同原为日本陆军士官学校的同学杨宇霆密商，由我们奉军派兵去秦皇岛截械瓜分。[1]

那个时候我还小呢，奉天就派张景惠这一团人马来了。那些军火一到秦皇岛，张景惠就把枪械全部劫走了。那么，奉天就扩充军队了，扩充了五个旅，（那批军火）大概够（装备）三万人的。我现在记不清楚了，不知对不对。那个黎元洪要编三个师，那些军火，是日本军火。那么这就成立一个奉军，奉

---

[1] 秦皇岛劫军火一事，时间为1917年2月，总统应为冯国璋，不是黎元洪。

军的名义就从这儿来的。那么,这就壮大了奉军,奉军的势力打这儿就起来了。

我父亲是奉军总司令,徐树铮是副司令,杨宇霆是参谋长。

后来因为怎么个事,我就弄不太清楚了。徐树铮总想利用奉军势力消除异己,引起我父亲的不满。因此,当直皖于1920年6月火拼时,就是徐树铮以奉军司令部的名义[1],请冯玉祥的舅舅陆建章吃饭的。那个时候,陆建章大概是给冯焕虎活动,徐树铮把他请来,就在天津把他枪毙了。当时为这件事,我父亲非常火,就把这个徐树铮的副司令给取消了[2],派孙烈臣当副司令,这段大概查历史能查到。因此杨宇霆,就没敢回奉天,就走了。他回奉天甚至就可能处死他也说不定。

杨宇霆是在徐树铮那一方面,大概是这样。

后来我就慢慢起来了。

我讲的这些都是实录呀,这里头的情节是非常复杂的。

第一次直奉战争[3],(奉军)分东路军和西路军。西路军是整个垮了;东路军分三个梯队,头一个梯队是张作相,他那个梯队也垮了。第二梯队是我;第三梯队就是李景林。那时候他

---

[1] 徐树铮任奉军副司令一事,时间为1918年3月。徐树铮诱杀陆建章一事,时间应为1918年6月,不是1920年6月。
[2] 张作霖解除徐树铮副司令职务一事,时间为1918年8月。
[3] 第一次直奉战争,时间为1922年4月。

是旅长，我也是旅长。残余的兵力就是我们这第二梯队和第三梯队。等到山海关阻击战，就是我们这两个人领着两部分人打的，打得很凶。其余的全垮了。

那时奉天的兵权都在张作相手中，我父亲的性格是，交给谁就是谁了。

等山海关战役打完了，大军回到奉天，奉天就成立东三省陆军整理处[1]，我是整理处的参谋长，整理处有总监，有副监。实在说呢，副监就是姜登选，这个姜登选怎么跟这个郭松龄闹不和？这个话说来太长了。他是副监，实际是他负责任，但是一切军队的问题，都是我在负责，调动军队了，整理军队呀，都是我负责任。

我那时候二十二岁。

我怎么会拿了这么大的军权呢？张作相的军权怎么到我手里去了？这事我后来才知道的。

原来是奉天的张作相和一些旅长，给我父亲写了一个条陈，劝我父亲说，回奉天后要整顿军队，并要求让张作相推荐我。我是在多年后，在我父亲的公文桌里看到这个条陈的。

整理处有两个副监，一个是孙烈臣，但他是不来的，名义上是副监。再一个副监是姜登选，行政由他负责任的。我是参谋长，整顿军队的事情全都交给我，都是我负责。

军队大整顿、大改编后，旧派、新派就是从这儿分出来

---

[1] 东三省陆军整理处成立，时间为1922年7月。

的，旧派有人反对我，就是因为这个事情，那我毫不客气，给枪毙了好几个。

第一次直奉战争打败仗了，回来搞审判，我就给枪毙了好几个。所以奉天的老派人恨透我了，我这个人，不是老实人呐！

我跟你讲啊，我很少上前线督战去，很少。我把命令下了，你就照那样去做。我的部下现在有的还在，你可以问他们去，我这个人就是这样的，我把事情交托给你了，无论做什么事情，你负责任，我决不干涉你那一套，但是，你搞坏了，我可毫不客气，决不饶了你。

现在我已经九十岁了，人呐，主要是心情，心情要开朗、开放，不在乎。我不是说笑话，我这个人也许明天早上一枪就要把我枪决了，我今天晚上还睡我的大觉。我作战的时候就这样的规矩，也可以说是学的拿破仑，我把命令下完以后，我就睡觉去，我睡觉是脱光屁股睡觉去，从来不穿衣服睡觉的，穿衣服睡觉我会睡不好的。尤其冬天，我要穿衣服睡觉我会冷着的。因为我不会把被子盖得那么严，医院、旅馆的那个被子我绝对不盖的，我盖不了，我一定盖软被、很软的。

所以，我作战时把命令下完了，我就睡我的大觉，没有事情不兴找我，有事情再说。

第一次奉直战争的时候，我带着一（个）团，我们非常吃紧的时候，敌人把我们包围了，我们就决定突围了。那么就由郭松龄，他带着三个团，我们是两个旅四个团，那么我拿着一团人来守主阵地。

我一讲到这儿我心里非常难过，我喜欢我的部下，我真喜欢我的小兵啊。那么怎么办，我负责带着人，防守这个阵地。假如敌人要把这阵地冲了，那就完了，整个全军覆没啊。因为郭松龄带着三团人前往埋伏，我拿一团人在正面挡着，很稀薄的。那么，我就晚上到前线去督战。

我一到前线，这些小兵，还管我叫团长，看到我就喊，哎呀，团长你跑这儿干什么来了？我说，我不瞒你们说，咱们现在非常的危急。我把军情告诉了他们，我说，怎么样？我现在派了郭松龄带着三个团迂回到敌人的后头去了，现在我们一团人摆在这三个团兵力的正面，假如敌人他们今天晚上要攻破这儿，那我们就完蛋，整个就完蛋了！所以，我要在这儿，跟大家在一起。

哎，你回去，你不要在这儿待着，好不好？

我说，我跟你们在一块儿。

不要，不要，团长你回去，他们说，要是把我们都打死了呀，那是没办法了，假使要是有一个人在，团长你放心，我们绝对不退却。你回去吧！

我说我跑得很渴呀，我要喝点水。

他说，那不是有水么？你拿回那边喝，你赶快回去，我们送你回去！

我说，不要，不要，那样不行，目标太大了。我一个人跑回去,我就在那个村庄里面呢,我跑回那个村庄大概有两三百公尺,我能跑回去,你们不许动啊。我就怕枪炮把他们打着。

我一个人从这战壕跑,大家都站着,看着我一个人跑。

我和部下都很亲,很亲。

东北军最厉害的就是炮兵。那时,中国的炮兵可以说没有正式训练过,从东北军开始,才有正式训练。这个炮兵那是邹作华[1]的功劳,邹作华那时候是投降我的,他原来是段祺瑞的边防军呀,他训练的东北炮兵是真正的炮兵。

怎么叫"正式训练"呢,炮兵有一种急速的炮,比如说我们的炮兵摆在哪儿,敌人是不知道的,他看不见炮兵,我们可是照样打他,这是一方面。二呢,东北的炮兵多,怎么多呢?国内多数炮兵都是买外国的炮,一个炮顶多带五百发炮弹,唯有东北军的大炮是我们自己造。

我们的炮弹怎么样子,是什么炮弹?叫顺发炮弹,怎么叫顺发?人家外国,像日本的炮弹,一种是空炸,一种是碰炸,就是碰在地上炸。我们这个呢,就是在炮弹前头有个东西,像管似的,有个弹簧在里头,它打到地下,会马上蹦起来,再爆炸,所以叫顺发炮弹。还有一种呢,不是顺发的,前头没那块玩意儿,就是直接爆炸的,那都是奉天兵工厂造的。

实在地说,东北军威风大的原因,也不是东北军比旁人能

---

[1] 邹作华,1894—1973年,字岳楼,吉林永吉人,日本士官学校炮兵科出身,曾任奉军炮军司令。

打，就是这个炮兵厉害。

我们打南口的时候，跟冯玉祥打仗，他那南口守的最厉害了，我们有两个团七十二门野炮，差不多最少也打了五六万发炮弹，因为是我兵工厂自己造的炮弹，这个炮弹可跟外国的炮弹不一样，没人家那么好，可也是炮弹。

第一次奉直战争的时候，段祺瑞方面是非常赞成的，因为他要报直皖战争之仇，利用奉天来报这个仇。这样，出走的杨宇霆就回到奉天了，那时候我父亲的参谋长姓齐，我父亲不喜欢他，不用这个人，杨宇霆就接替了他，回来当参谋长，又回来了。

他曾对我说，我当年在职的时候啊，如果你能干点什么，那奉天肯定比现在还强。所以，那个时候，杨宇霆就抓住我了。那么我就外出带兵打仗，他在里面策应，辅助我父亲。

后来我跟杨宇霆弄得不大和的原因，就是因为郭松龄，郭松龄根本就和杨宇霆不和，怎么不和呢？杨宇霆当年当参谋长，郭松龄是一个少校参谋，是陆军大学毕业的，回来的时候当了中校参谋，他为借钱也不知为什么，他俩就弄翻了。郭松龄这个人，性情非常暴躁，就不辞而去，走了，到广州去了。为此，我和杨宇霆多少就有点隔阂。

2. 吴佩孚：西蜀无大将，廖化为先锋

你要写我呀，你想问我的事情，包括这个问题，我都忘了，那是你的事，你愿意怎么写，怎么写，我毫无意见，我也不改，只有事情有错的，我可以改。其余，你要怎么写，我毫不改，我也毫不关心。你愿意骂你就骂，你愿意说你就说，我毫不在乎，我就是这样一个人。你随便，你愿意怎么写，怎么写，我也不给你送运动费，让你夸夸我。

我看你写的那个李德邻[1]的回忆录，你给我的，我不是完全看，稍微翻了一翻。

北洋的那些个人，我知道的那我都可以给你讲，一个一个讲。

第一个，我先说说跟我打过仗，我的对手吴佩孚，我最不佩服他。

他那真是"西蜀无大将，廖化为先锋"。我不晓得吴佩孚当年怎么会得到那么大的名气。当然了，他是能够写点字的人，当年带兵的大都是老粗啦。但也许因为这个原因，说到他作战，那是毫无能力，我真是看不起他。所以，第二次直奉战争[2]，叫我们给打个稀哩哗啦。当然，第一次奉直战争，我们

---

[1] 李宗仁，字德邻，1891—1969年，今广西桂林人，国民党高级将领。《李宗仁回忆录》，李宗仁口述，唐德刚撰写。
[2] 第二次直奉战争，时间为1924年9月。

是打败了，那时候因为奉天军队太不行呀！

我就说我对他的印象，我给你讲几段。可惜呀，非常的可惜，第二次奉直战争的时候，他有些文件落在我手里头，这个东西我当宝贝留着，可惜在北京丢掉了，在我家里丢掉了。

我说的这个东西，大概你两位都没看过。就是从前办寿给人写东西用的一种印得很好看的纸，（吴佩孚）他老先生他都印好的。我们在哪儿得到的呢？那个时候，陕军第一师师长叫张治公[1]参加了山海关之战，张治公被我们打得最紧张的时候，向吴佩孚求援。吴佩孚是总司令，就给他写了这么一个东西回来，他也不像我们军队下命令，有一定的规矩，他就随心所欲给写了这么一个东西。后头我忘记了，要紧的是前头，头一句：张学良黄毛乳子算什么东西？底下就是写你不必怕他了，本大帅明天到那儿，他立刻就得跑掉！他一来，我就得跑！

你说我拿着这玩意儿，我怎么拿到的？我们把张治公打败了，把他司令部都给抄了，这样看见的。我看见大笑，你这样指挥军队，这军人他怎么能给打仗？

这是第二次奉直战争，我把这东西留下来，当宝贝留着，我自己想装个镜框搁屋摆着，呵呵。

真是看不起他，这个人除了会吹之外，没有别的。第二次奉直战争还有一件事情，他手下有个旅长，姓冯，在山海关的

---

[1] 张治公，应是陕军第二师师长，第二次直奉战争中，任第七路司令。

一个角落，山海关正面的左翼，我们的军队给袭击了，叫我们给打败了。这个人好像叫冯玉荣[1]，山海关打败了，这个人就自杀了。那这是一个很有责任的人呀，（结果吴佩孚）他到那儿去，把这个人脑袋给割下挂起来！

这算什么呀，你指挥部下，对部下是这样对待？！人家已经自杀死了，你还割下人家脑袋干什么呀？要杀的话，应该杀你自个儿！

我跟你说，我现在给你解释这个，他这个人真是不会用兵，山海关作战的时候，我们奉天实实在在地出了七万人，他光山海关来的二十一万，比我们多三倍，但怎么叫我们给打败了？

你不是军人，我说这话你恐怕不太明白，我们军队里最忌讳的一件事情，叫各个击破，他把他的军队就是陆续地增加，明白？来了一个师，叫我们给打完了；再来一师，叫我们给打完了；他继续增加。那这原因，也不光是他指挥军队指挥得不好，他的这个后方的交通呀、运输啊，他海上还运输呢，他把交通指挥得非常混乱，军队运不上来。所以，没等他增援的来，就叫我们给打败了。

第二次奉直战争，山海关作战的时候，我们没打成功。

山海关是我们的正面，是我的第三军团的正面，事实第一

---

[1] 冯玉荣，直军第13混成旅旅长。

军团军团长是姜登选，副军团长是韩麟春，第三军团我是军团长，郭松龄是副军团长。实际上，在前线指挥的，一个是韩麟春，一个是郭松龄。在后头，我就跟姜登选组织司令部，当年就叫一三联军，我等于是总司令，姜登选等于我的副司令。

山海关是我们第三军团的主攻目标，我们死了很多人。我跟你讲简单一段，攻坚的时候，我有一个团呀，差不多整个全完了。然而，由韩麟春指挥的第一军团却把九门口那打开了。

我就决心把郭松龄的第三军团的军队都调到九门口去，这就有很多的问题来了，山海关正面怎么办呢？所以，我说吴佩孚那真是没有用呀，我们山海关就搁了一旅人在这儿守卫，旅长是阚朝玺。这个人在东北军里头，是我们看不起的一个人，后来当了汉奸。假如当时吴佩孚能看明白，他要从山海关打出来，那我们就完蛋，我们没有军队了。

结果，吴佩孚终于没有看明白，他不会出关，就死待在那儿，死守着山海关，所以，我就说吴佩孚是没用的东西。不但吴佩孚，就连冯玉祥的军队也都如此，冯玉祥的军队很会打仗，比吴佩孚军队还会打，但是不会活用，简单说也是没有军事人才。

3．郭松龄：宁折也不弯

这里头有点小问题，我们奉天历史上就有这个问题，韩麟春呀、姜登选呀，他们是叫士官派[1]，那么郭松龄是陆大派[2]，像我们讲武堂底下出来的，算是跟陆大派一系的。

那么他们就不太和，所以，后来郭松龄怎么把姜登选给枪毙了呢，也有旁的意思。我是在他们中间调和的。姜登选当时是奉天整理处的副监，我是整理处的参谋长。郭松龄有一点点我最看不起他，我说他，比女人还小器，他就非常不愿意，常常不愿意我跟韩麟春、姜登选他们一堆玩呀、说话呀，用女人的话（说）就是吃醋。

话又得往长说了。九门口那边是韩麟春第一军团打开的。那么，我们就要增援韩麟春、姜登选。现在把郭松龄的军队调过去，帮助继续打九门口，郭松龄他心里就有点惭愧呀：我没把山海关这方面打开，现在就是帮着人家去打呀。

我们是第三军团，一个军团三个师了，那时候叫三个旅。那是早晨，直系军队在高山上都看见我们的军队了，从九门口进去，摆开往里走，搁山路往里加军队，增援来了呀。

这三旅人差不多走了一天，都是很窄的山路往里面进。那么，郭松龄的心里可能就有点不愿意，山海关没打下来，嫌丢脸了。到那儿去他们就闹意见，进去就吵架了。

起因是为一件小事，郭松龄就火了，跟姜登选闹意见，他不打了。他把军队从前线带回来了，都调回来了，夜间呀，说起这段呀，我差不多又掉眼泪了。我在后方军团部，他们打来

---

[1] 士官派，指出身于日本陆军士官学校的将领，以杨宇霆为代表。
[2] 陆大派，指出身于北京陆军大学及保定军官学校的将领，以郭松龄为代表。

个电话,说郭军团长把军队都带回去了。啊?我就奇怪了,哎呀!

我明白了,我就赶快跟郭松龄通电话,我骂他两句,我说,你干什么?你怎么地?你要干什么,你怎么把军队带回来了?为什么?他咔嚓把电话撂下了,他不说了。我说这事儿糟了。韩麟春就讽刺我,说你看你,把这个郭松龄惯的!姜登选说,得了,你别再对着老弟,把老弟整苦了,你别管他了。我说我赶快就去。

那么我就去找郭松龄,晚上黑,痛苦呀,不容易。山路,我骑着马,差不多夜间跑了九十里,我要找这个郭松龄,找他的军队。路上就碰见我的军队都回来了,我问他们,怎么回来了,为什么回来?他们说,是郭军团长下的命令。

于是,我就给他们下命令,原地停止。原地就都停下来了,我说,郭军团长在什么地方呢?他们说,我们不知道,不知道他在哪儿,好像在前边呢,他好像出来了。

找到郭松龄,费了很大劲。郭松龄在一个小店的小房,在那儿睡觉呢!天要亮还没亮呢,他在那睡着了。他一看我来了,很惊讶。我说,茂宸,起来,起来。我找来,他感到很奇怪。那个小店房有个后院,我就拿上板凳说,咱俩到后头说去。

我说,茂宸,你要干什么?他是我老师呀,当年是我的教官。我说你是我的老师,你的岁数比我大,我这套都是你教给我的,我说你要干这件事情,我是你的学生,我也是你的后辈,比你年轻。我后来说,我说可是你忘掉了,今天这个事情不同了,我是你长官,你是我的部下,今天我是你长官。现在就咱们俩人,我来见你,我身上什么都没带,而你手上有枪,你现在要干这个事情,要想把军队带走,那你应该先把我打死。我说,你要不打死我,那我是你的长官,你就动不了,我就要给你下命令!你现在有两个选择,要么把我打死,要么你听我命令。你自个儿选择!

后来,郭松龄就哭了,就好像说,我惭愧呀,我没把山海关打开。我现在跟着人家,帮着人家去忙。因为另外一件事情,他们又这样子,好像在羞辱我。

他说,我很难过,给你丢脸呀,我说,你不要那么讲,给我丢什么脸?他说,我现在只求一死。我说,你不要说这话。

他哭,我说,你何必掉眼泪呢?

他说,我现在呀,我不去帮(人家打),我求一死,我愿意自己死。我说,那好,你既然决心要死,那好办呀,你说你给我丢人,你没把山海关打开,你现在又决心一死,那你上战场上去死,你拼命往里打,那你不是又给我增了面子,你也得到好死了么?要死,你死在战场上好不好?

他点头说,好!

那时,天也亮了,我说,我一宿没吃饭,你也没吃饭,喝点稀饭回去。这样,他人也好了,回心转意了,又把军队带回去了。

我给你讲，怎么把人家秦皇岛给打下来的。

白天郭松龄就带着三旅人，从这九门口进去了。后来我们打胜了，人家直隶军说了我们才知道，那山上敌军都看见了：唉呀妈呀，奉天到底来了多少军队？昨天白天进了一天，今天又来了。怎么来那么多个军队来夹击九门口来了？

敌人哪儿知道，郭又把军队给带回来了！

就好像作假一样！把那敌人吓坏了，说这家伙他们来了多少人呐？

其实都郭松龄一个人干的事，他老人家是没管旁的，先声夺人，就拼命打进去了，一下子就打到秦皇岛。地形你知道？整个把山海关包围了，所有的火车都给切断了，火车都出轨了，哎呀，后来我到山海关看，张作相捂着我眼睛，说你别看。唉呀，军人到那个程度上！

我有一个团长，这个你不知道了，我后来奖赏他，给他张家口的督统（做），大家都很奇怪，督统那个时候差不多军长才能做，那他们就不知道这段故事。当时就是他当这个团长，头一个打到秦皇岛去，他给我写个纸条回来，他说，军团长你赶快派军队来，我逮到的俘虏，不要说拿枪，光拿嘴巴子都能把我的兵吃掉！

他一个团，俘虏了一万多人呐，那么样厉害的军队！我就赶快到秦皇岛去。我们那个小兵，对俘虏喊："架枪！""面冲里！""不许往外看！"一切尊严全无。兵败如山倒呀。所以，我就跟我的部下说，你看看，我们带兵的，该有多难过，你想想,这个滋味呀,我是当军人的,我看着很难过。

就这样子把吴佩孚打个稀哩哗啦,打完了,就是因为(郭松龄)他这一怒,所以我说是天意呀。

我一生常自诩,不怕死,不贪生,不屈服,不卖国。

要讲起我的历史,那笑话多了。

我跟吴佩孚在山海关作战的时候,你猜我跑到哪儿去了?我跑到秦皇岛去了。我在秦皇岛打网球,还洗了澡!

我跟英国海军船上的人认识,就弄了个小艇。

他说,我把你眼睛给你蒙上。我说,为什么?他就开玩笑说,你过分,到秦皇岛要经过山海关,人家的阵地你不就都看见了么?

我们坐个舢板,划着船,就跑到秦皇岛去了,到秦皇岛洗了澡,打了球,我就又回来了。

我部下说,你这不是开玩笑,你这是冒大险。要是人家知道,就把我俘虏去了。这就是我干的事。

郭松龄这个人,非常猜忌,比如说我们一个团里头,有三个营长,那他一定配上互相牵制的人在里头。我跟他说,茂宸,你怎么这样干法?我说,我是用人不疑,疑人不用。我要疑他,就不用他;我要用他,我就全权交给他。

那他说,我可不是这样子,人可不能这样子!

唉!我说,茂宸,假如我对你那样子呢?

他说，咱俩的关系不同嘛。

我说，茂宸，也不是那么不同。

待人呐，不容易呀。

他自己说，我要不是遇见你呀，就没有今日。我们夫妇俩在家里，只有两个茶碗，一个茶碗还是没把的，就可怜到这样。没有你呀，我也早就完了！

他当年是我提拔起来的。言下之意，不是我，他这个人就完了，不定怎么样了，也许被长官枪毙了。

他自己给他自己下了一个考语："鲁莽躁切，跋扈侵权。"那他真是这样，我也早看出来了。不仅我自个儿知道，我也公开跟他讲过这话。

这个郭松龄要叛变[1]，有叛变这个心呀，我早就看出来了。他随时有叛变的可能，你看他就敢么干嘛。

完了以后我就劝他，我说，茂宸呐，你怎么这样呢？他就告诉我，他说，我宁折也不弯。我跟他说，茂宸呐，我这人可跟你完全不同，我是宁弯也不折。他说，你怎么这么大哲学？我批评他说，不是哲学，做人嘛，你怎么能这样呢？

我说，茂宸，万一你有什么事情，我一点不在乎。即使你叛变的话，我也问心无愧。

我父亲骂我一句话，说，你除了老婆不跟郭茂宸去睡之外，吃一个水果，你都要给他一块！

---

[1] 郭松龄倒戈一事，时间为1925年11月22日或说24日，到12月24日兵败被枪决。

所以，后来他叛变，我当时就有这个意识。我说，你就是叛变了，你也出不去我这手，换句话，你叛变，我能把你制止。到后来，他真是叛变了。

他叛变失败，怎么失败的你知道不？跟他老先生呀，我差点没投了海呀，他把我整的。

我父亲呢，这么说好像是夸我的，我是领导，好多事他都要听我这套。我给他上条陈，他不听。他不听主要还是杨宇霆在里头（的缘故），那郭松龄的问题，我早就看出来了。

这个第二次直奉战争完了，就分配权力。分配权力郭松龄没分配着。郭松龄他自己就跟我讲，他说，算我倒霉，当你的部下。旁人都起来了，都是督军了。我不但没有督军，还是在你底下当个副手。可是你被你爸爸压着，我可倒霉了。

换句话说，那时候要人打仗干活都是我的军队，可是请功领赏不是我。

所以，我给我父亲上条陈，他便不高兴了，我父亲骂我说，你小子要地盘？我说，不是，不是那个意思。我的意思就是给郭松龄一个地盘。我说，你这样可以安抚他，你不愿意给他，你给我个名义呀，我实际上交由郭松龄来管，由他来做就是了。我给我父亲做了很大一个计划，他不听。

老帅为什么不同意这个事情，我不能很有证据。我父亲不听的主要原因，与杨宇霆有关，在参谋部里，我父亲听他的。

他老先生叛变的时候，给他奉军所有的军队都打了个电报，说是公举我当东三省总司令、奉天省长。事发后，我就坐船到了秦皇岛，去见他。但他不见我，他不见我是小事。可我接到奉天发来的电报，这个电报我一看很奇怪，开头称我张汉卿先生阁下，后头题名张作霖、王永江。我父亲喊我张汉卿先生呀，你说叫我难过不难过？那么电文呢，就说现在那些个军队呀，公举你当东三省总司令、奉天省长，请你回来接事吧。你说，我看了那电报，心里多难过？要不是部下看守着，我真是差点投海了。

真的！那时候，大家就不明白这个叛变到底怎么回事，连我部下也不知道，也不懂得。开始时，大家不知道这个事情我到底处于什么位置上，你明白了？都怀疑是我们两个人闹的鬼。你知道，因为我们俩太好了！

那后来怎么样？后来呀，人们一直都认为我是他那个叛军的总司令，他是副司令。

郭松龄到了新民府，他已经差不多完全成功了。他知道对面就是我，我在对面跟他拼了，我还照样给他写信，跟他开玩笑。这时，他自己就任了总司令，这是他第一个错误。第二个错误，是他把我的信都给公开了，给我的部下看了，什么意思呢？他的意思就是以此来表示我对他最好。可是，这样一公开，那些旅长、团长都不接受他的命令了，很多人不打了。

说邹作华放出去的炮弹不爆炸，那说的是假话，不但那样，邹作华当时还真心帮他。

郭松龄倒戈失败以后，失败的过程就不说了，那更有意思，那些故事呐更有意思。

并且我也给郭松龄太太求情，我说她是女人。我父亲大骂我一顿。在电话里骂。

我给他求情，我说，他当然应该处死了，他有罪了么，但应该开个军法会来审，要他说出来，他到底为什么？

我平常是非常佩服他的，到最后我很看不起他，到最后要死的时候，呵，没出息。你跑什么？要是我，我不跑。这是你的事情，这样你往哪儿跑？就是一死么！

到后来把他抓住后，他给我写个条子，他就说只求速死。很可惜我把这条子弄丢了。

郭松龄起兵倒戈的动因呢，和他太太有很大的关系。起兵之前，他跟冯玉祥联系，又联系上了，因他太太联系上的。

郭松龄失败以后，他的四个军长有一个军长跑了，有个军长是在另外的地方就没回来，他三个军长都叫我俘虏了，都是我的部下啊。我说你们这三个人啊，你们怎么不跑呢？我说好吧，你们各言其志，你们能走远么？你们说你们想怎么的？谁也不吱声。

我说好吧，你们不愿意当面说，那就一个一个说。

有一个姓范的，他说我跟郭军团长也没有什么关系的，司令是知道的，我是没办法，让我干什么我就干什么。你饶了我吧。

第二位,姓刘,他弟兄三个都是我的部下,一个打(仗)受伤了,一个阵亡了。他就讲,军团长,你念我们弟兄三个,一个残废了,一个死了,这账,你找茂宸算就是了。

第三个,这人叫刘伟,原来也是我的一个大部下之一,性格倔强。我问他,刘佩高,你怎么干这个不是人的事?刘说,有不是人的长官,才有我这个不是人的部下。他跟我说,我明白你的意思,你不忍心把我们枪决,那好,你给我一把枪吧,我自杀算了!

前面那两个我没用,刘伟我又用他了。当时我又给他任命,还是当旅长,把军队还给他,后来,同冯玉祥部队在南口打,我就把他派前线去了。

我父亲的一个参谋处长给我打个电话,他说,你好大胆子,你怎么把他派前线去了?我说,你是大本营,你有什么命令你给我下好了,但你不要干涉我的行动,那是我的职责,这责任由我来负。

过滦河,他打前线,他那时候当旅长呢,他率领的一个整团,十三个连长都先后阵亡了。他自己讲,他就在前线督战,旁人都能退却,我决不能退却!我退却,人家会说我是假的,旁人都能保生,我只有阵亡。

这个人,我很喜欢,他一度出任第十一军军长。但很可惜,他由于思想压力太大,后来竟然精神失常了,提起这事,我心里难过呀。

4. 南口军纪案[1]

我跟冯玉祥是拜把兄弟,冯玉祥倒戈[2]完全跟我有很大关系,我给了他五十万块钱,那时候我们秘密勾结,谁也不知道,一点儿也不知道。是一个牧师,姓刘的,是个美国人,奉天青年会的总干事,他给我们拉的关系。

刚才你问我佩服谁,这军人当中啊,我最佩服徐永昌[3],跟我的脾气差不多。打了败仗了,他跟我讲他干什么呢,他什么嗜好都没有,麻将也不打,酒也不喝,专门喜欢跟女人扯淡,最喜欢女人。

他在郑州的时候,已经打败了,那时候国民政府军都来了,他带着山西军队和冯玉祥的军队在前线作战,军队都退了,他老先生还跟那女的在一块堆儿扯,那个女人哭,舍不得。

傅作义跟我很好,怎么很好呢?我让你知道这个内容。

我父亲下命令要把傅作义枪决了,我就没给他枪决。为什么啊?已经投降的人,暗中我就把他放走了。他跟我一个参谋

---

[1] 南口军纪案,时间约为1926年6月。
[2] 冯玉祥倒戈一事,指冯玉祥发动北京政变,囚禁总统曹锟,时间为1924年10月22日晚。
[3] 徐永昌,1887—1959年,今山西原平人,高级将领。

长是同学，住在我参谋长家里。

我父亲这人呐，给我的任务向来都是无法完成的。

那时，在南口战役中，奉天的第一师师长是穆春，他的这个师打仗很出力，是吴俊升从黑龙江带过来的。第一师经过小库仑时，他们在一个喇嘛庙里歇息，就把人家庙给洗劫了，把好多值钱的东西给抢走了。以后呢，人家就告到我父亲那儿，我父亲就给我下命令，把这一师全体人都枪毙了！你说这个让我怎么完成？

那我就想啊，这件事情，要查出来是谁干的，是他们这个师的哪一个团，是团里什么人干的，把那个负主要责任的枪决就行了，然后再把这个师给解散了。

后来，我就把士兵给解散了，把那些有衔的长官们召唤到我这里来。我的意思是把军官们叫到跟前，我就宣布，这些事情，让他们举出来是什么人干的，由我负责到老帅那儿求情，谁有责任就办谁，其余的人都无关。

可是，没料到我那侍卫长年轻，不善处理问题。这些长官们来的时候，他们身上都带有枪，都带有随行兵。

这个时候，在车站的外头，在票房那里，我们里头有一个家伙，不守纪律，他想发财，干什么发财呢？他看见人家带枪，他就要缴械，人家就给他一枪。

听到外头"叭"的一枪，这里头可不得了了，我的卫队就开枪了，对方也开枪还击，这就打起来了，我的卫队长被打死了，还有我一个姓唐的秘书也被打死了，几乎也把我打死。

那枪弹都往我这车厢上打，我的秘书们吓得都趴在地下把痰桶给戴上了，那痰桶——铁路上做的都是铁的，有那么厚——都中弹了。打死了好多人。那时，朱光沐还不是我身边顶要紧的人，自从打死了不少秘书，他们就从这时起来了。

后来，我的卫兵就开了机关枪，几乎把这些人都打死了，死的死，伤的伤，仅有几个人逃走了。唉呀，我难过极了。其实，许多人都不相干。

我说，算了，算了，别打了，别打了。我气死了。

我就叫我的一个副官，是我原来的一个参谋长的姑爷，这参谋长打仗打死了，我特别关照他的姑爷，让他当副官。我让他出去喊话，就说大家不要打了。就听"嘭"的一声，那边的人就给他打死了。

我的人打红了眼，这两架机关枪架起来打，打得伤的伤、死的死，都不动弹了。我说得了，死了的给埋葬了吧，那些伤的就给他们治呀。在这儿一扒，里头还有活的，挖出来一个活的，这个活的是谁呢？是穆春的参谋长，他的参谋长是谁呢？是当年我在讲武堂时给我讲地形的教官，一身都是血。

这参谋长跟我见面就说，军团长啊，我不干了！说什么也不干了！我什么事儿也不想了，你给我几个路费，我要回家。我就说他很有意思，他没死，浑身都是血，也没受伤。后来回家了，呵呵。

5. 张宗昌之死

你说张宗昌[1]后来被我接到北京来了,住了一段又接到天津去,被人暗杀死了,我很难过。是谁说给你听的?你搁哪儿看的这些?什么时候?胡说八道!

张宗昌逃到日本,后来在日本不能待了,钱也花完了,他就回到北京。那么,我就劝他,我说你呀,好好在这儿待着。那时候我也没太多钱,我一个月给他三万块钱,他那个脑袋,花钱花得冤大头似的。我说你好好在这儿待着,总有一天用着你的,中国和日本总有一天会打的,总有一天要打起来,打起来你最好的用武之地是到东北组织游击队,这是你最好的出路。

他自己这么讲,他说南京我去不了,陈英士[2]你晓得吗?陈英士就是他刺杀的。他说我因为这个关系,陈立夫、陈果夫[3]都在,南京我是去不了了,我是没法子了。所以我就劝他,我说你好好在这待着,你规规矩矩待着,总有一天你有用武之地的。

那么,他那天走没告诉我,他是偷着跑的,跑山东去了。

上山东去干什么呢?那时候石友三在山东,他就想沟通石

---

[1] 张宗昌之死,时间为1932年9月。张宗昌,字效坤,山东掖县人。
[2] 陈英士,即陈其美,1878—1916年,浙江湖州人,被张宗昌暗杀。
[3] 陈立夫、陈果夫,系陈其美大哥之子。

友三，要在山东搞名堂。

他走的时候，没敢搁正阳门上火车，他搁一个小车站上的火车，他怕我不让他去。他自己也没想到是这个结果，他是到山东去搞不安定啊。

这里我要说我一个秘密的事儿。

顾少川[1]的那个黄太太，看中了张宗昌，她拼命地就看中他了。我就告诉张宗昌，我说你不要乱来啊。她男朋友多得很啊，那个太太啊！那个太太那可真是，简直是太不要脸皮了，就找年轻的，公开的秘密了。她丈夫当然知道了，那哪能不知道呢？他当然知道了，她说各人干各人的。

我跟你说，我不讲是谁，我最近看书，这人写我的一篇文章，我跟你讲你就要写。

这位先生啊，我跟他太太俩有关系，他自己明明白白知道，他不但知道，我们两个在这屋扯淡，他就上那屋待着去，就这么一位先生，很有名的，不是无名小辈啊。我后来我跟他俩公开说，他对我很好，我跟他说，你这个人怎么这个样子？他太太的姐姐现在还在台湾呢。你怎么放纵她到这个样子？他说，她只要不闹我就算了，她愿意跟谁就跟谁，我才不管她呢。

这位先生最近写了好大一篇文章，写我写得很确实，当年我在他家玩儿什么的。他没写我跟他太太的事。

---

[1] 顾少川，即顾维钧，1888—1985年，江苏嘉定（今属上海市）人，民国时期高级外交官。

6. 厌倦了内战

我们在郑州是叫人家给三面包围了，晚上黑，人家上来把我们的大炮都给拉跑了。接到报告后，我担心发生更大的麻烦，马上下令说，你们别打，千万别打，一打就乱套了！让他们拉去吧，天亮咱们再说。他们就把我们的山炮给拉跑一门。结果，天亮（后）他们的总司令被我们给打死了。

（当时）我的部下要求退却，我总是有两个伙计，郭松龄死了以后，我的伙计就是韩麟春。我向来是这样的：一般的事情呢，他做；重要的事情就找我，但凡一找我，一定是有问题，出了大问题。

我那些部下不敢见我，就先找韩麟春，韩麟春就找我，给我气死了，他说，你去吧，看你部下去吧。我问他什么事。他说，他们要求退却，我就问他，这是你们谁的主意？他们谁也不吱声。

你知道我向来不发脾气的，平常一旦发脾气，他们都怕得很呐！我要稍微把脸拉下来，他们就怕我。我问他们这是谁的主意，他们就知道不好了。

后来，有个姓应的，这个人原来是这个皖系第8师的旅长，是我们奉天人，后来投到了奉系，在我手下也当旅长了。大家都对他挺恭敬的，因为他岁数大点。那么他就过来，他说，是我的意思。我说，真是你啊，你不要装老牌子，真是你提的吗？那么大家就看出我的意思，大家都说，军团长别生气，不是他一个人，是我们大伙同意的，你要办就办我们大家，不要办他一个人。

把我气的！我说，你们这些人呐，（如果仅仅是）咱们几个人，要跑，那我撒腿就会跑。那很简单。可是我们有这么些个军队，还有炮兵，这么些个人，随便说撤退就能退吗？假如你们真是要退，现在我给你们一个命令：非得把这个敌人打退了以后，你们才能退！我们现在跟敌人粘着，怎么退？我们几个人跑了，行，那我们这些个军队怎么走？军队要渡过这个黄河，我们还有这些炮兵怎么渡过这黄河？

我们那时候都是重炮，你撤不撤？

我跟你说，战争的胜负，只能说是上帝的眷顾。

当时，把我气得简直没话说了。那时候韩麟春他抽鸦片烟，不过，他抽鸦片烟没多大瘾，而我一怒之下，就在那儿抽他的鸦片，拼命抽，把我自个儿都抽糊涂了。

我们那时候有个铁道队长，姓曹，这个人现在哪儿去了我不知道。那时候都走铁道啊，那个铁道的车呀，当年还是张宗昌在中东路时制作的，我们管它叫"铁甲车"，敌人也有。其实就是什么呢？就拿道木啊，拿铁板挡着，中间夹上水泥，然后，搁一个炮，搁机关枪。好坏不管了。

我们打仗时有悬赏，那个时候吴佩孚军队的指挥官姓高，叫高汝栋，这高汝栋还是我的一个同学呢，我认得他，他是保定军官学校的。当时,他是前敌的总指挥,我们就说,悬赏十万块钱,要把他抓住。

你知道我们军队的规矩,用军队里的话说就是,喧哗无好事。你懂吗?这是《孙子兵法》上讲的。

我早上还睡大觉呢,不管天有多冷,我向来睡觉是脱光了,光屁股睡。

一大早上,就听外面乱嚷嚷的。头一回这样儿,我还没醒,吵嚷什么?我就赶快把衣服穿上,想看看到底吵什么。

有人(报告)说,曹队长在外头。我说,叫他进来。进来后我就问,曹队长,你干什么?他说,我是来管军团长讨赏的,我要钱。我喝斥他说,什么事你笑嘻嘻的?他原来是给我当参谋,我当参谋长时,他当团参谋。我说,你说正经话,不要扯淡。干什么呢,怎么回事?他说,我把高汝栋给打死了。我说你别瞎扯淡,到底怎么回事?

他说,是这么回事。我们的铁甲车,在平汉路作战,打仗的时候,铁甲车后面都是跟着好多个步兵。那天跟了两个连的步兵前进。打进来打出去,差不多打了三进三出。后来,我们军队退了,把铁甲车给扔在外头了。底下人就来报告,说人家步兵都退了,把我们给扔在外头了。连长安慰士兵说,你不用怕,一会儿我们的火车会回来拉我们,这天还黑着呢。

天刚一亮,这铁甲车也动了。那铁甲车后头就是一个炮,俄国的炮,当年是张宗昌装的。

哎呀,铁甲车终于移动了!可是,跑了一阵子,那里头有个连长就说，不对，方向不对，是往那边走了，不是往咱们这边走。再一看，原来是敌人的铁甲车把我们的铁甲车钩上了，勾走了。

这是敌人的铁甲车啊，那儿就是高汝栋的司令部，他看见这儿有一辆车，就给挂走了。

我们这铁甲车里有个班长，是管这个炮的，他说，他妈的，我给他一炮算了！这个时候不打，什么时候打？那旁的人忙说，你打不得，你一打，咱们离这么近，炮筒子就炸了。他说，去他妈的，我不管那套！结果，使那么大劲儿，"吭"一炮，就把他们前头整个铁甲车撞残了，一车的人都死在车上。并不是被人打死的，也不是炮弹炸的，里头的人都是震死、闷死了过去了，有的人眼珠子出来了，有的人肠子出来了，有的人腿打坏了。

你说这军队！这一下，我们不但没退却，反而打胜了。

我一听赶紧说，赶快下命令，赶快追击。我们就出击了，好家伙，一下子打出去几十里，把他们的总司令给打死了，把军长也给俘虏了，把师长也给俘虏了，整个打了个大胜仗。[1]

打仗，你不能说是运气，不能说是谁怎么地，他们都挺敢打，这就是战场。我打胜仗败仗打了多少回呀，有时候你也不知道会发生什么样的变化。就像这个事儿似的，那也没预料到呵。

---

[1] 此事约发生在1927年3月。

我二十一岁就作战了，所以说对这内战我是恨透了，我打死了多少人呐。

因为什么反对内战？我父亲后来不打仗是（因为）我，我在我父亲跟前痛哭流涕呀。我从河南回来，我到河南那叫什么阳那个地方，往陇海路那面去的火车站上，不是信阳，我们把车停在那儿。

唉呀，我看见这样一个情景，我非常难过，眼泪都掉下来了。我看见一个老人趴在地上，饿得呀可怜极了，给他钱他都不要。我们把吃的馒头扔给他，馒头扔在地上，他就连土带什么抓着就吃呀。我就追问他，我说，你怎么这样？家里没人了吗？没有儿女么？他就说连年在这打仗，都给抓去当兵去了，拉走了，跑的跑、逃的逃，剩下我们这老的不能走，弄得没有饭吃呀。

这是在河南，我这个人一着急就说不出来人名地名，那我当时就自个儿问我自个儿：谁做的孽？我们军人做的孽！

回来我跟我父亲说，让我休息几天。他说你不要作战了，你休息两天吧。

自个和自个打，今天跟你打，明天跟他打，明天又合，后天又打，打死了那么多人。我跟你说，我那时候作战心里难过得很，我父亲知道我。打死的都是相当的佼佼者，剩下的无能后辈，来请功受赏。这要真是有意义的战争还可以，这个战争干什么呢？今天打了，明天又好了，明天我跟你又去打他，后天又好了,又去打,这打什么意思呢?这干什么呀?

为什么打内战呀?为什么呢?真正是有目的还可以。

我真是厌倦,我一直厌烦内战,就是剿共我也不愿意剿,这有什么意思呀?而且彼此都是很厉害的。

7. 我就想自个儿逃了

北伐军打到河南,我退走时留了一封信,那个时候北伐军前线大概是白崇禧指挥。我这封信留给谁呢?我的司令部在陇海铁路,陇海局的负责的那时候还不叫局长,是叫督办什么的,我留给他的。这封信我大致还记得,很长一封信,我说我告诉他们几个事情,我们剩下好多的粮食,我知道粮食不能让敌人得去,要放把火烧掉的,但是老百姓没粮食吃,你们拿去赈济老百姓。大概是这样,我忘记了。第二点我说那个黄河铁桥我会炸的,我也知道你们会追击来的,我把它毁了你一时修不上的。但我没毁,我没炸,那桥梁是国家的。第三点还告诉他什么事儿。[1] 有三件事情,我留了一封信,很长的一封信。

我跟你说一段小故事,张发奎[2] 你知道不?可惜他死了,他不死你可以问他。

---

[1] 此节战事发生于1927年5月,张学良信中第三点指"我有些重伤患官兵,不便移动,请贵官本人道的观念,加以医救,不胜感激"。
[2] 张发奎,1896—1980年,字向华,广东始兴人,国民党高级将领。

我们俩都到了英国,郭太琦当英国公使的时候,郭太琦请客,给我们俩介绍,张发奎说你不要介绍,我们认识。他说,哎,你们俩怎么认识?他说我们俩最认识了,他认识我我认识他,就数我们俩打得最凶。

我们俩碰上了,北伐的时候在河南,张发奎说我自从北伐没碰上过这样的军队,我那个军队那天谁打的呢?就是王纪他爸爸——王树常[1],第十军,那打得可真凶了。王树常和王树翰俩不是一家子,两个不一样,是我两个大将,一个文的、一个武的。所以我跟张发奎说笑话,说不打不交。

我们从前不认识,就是在英国认识的,后来我跟张发奎很好呀,他还到这来过。

我们有一天,在一个饮茶的什么地方吃饭,一个他,一个张会堂,空军的,也是我朋友。我们三个姓张的在那吃饭,过了差不多有三四个月了,我又到那儿吃饭去了,那儿的人说你们三个张将军,那两个都没有了,都没有了。我说你这意思就是我还没死呢。他说不是不是。

我们俩很好呀,真的很好。

当时那仗可打得凶,把蒋先生从前最喜欢的一个团长给打死了,后来郝柏村[2]告诉我,说那个家伙姓蒋呀,是蒋先生最喜欢的一个团长(蒋先云)。

我那天手底下也阵亡好几个呢,有一个人让我心里很难

---

[1] 王树常,1885—1960年,辽宁辽阳人,东北军高级将领。
[2] 郝柏村,1919年生,江苏盐城人,国民党高级官员。

过,他还是国民党呢,在我手底下当团长,我也知道他是国民党,我也不管,我这个人向来不管。过去说我手底下谁是共产党,我知道谁是共产党,你要干你就干,你凭你良心。

我们打得好凶呐,那打得可真凶,所以我跟张发奎说,我打仗我也没碰见这么样厉害的,说他是"铁军"嘛。

打仗这个事儿是这样的,军队的战斗力是和你自个统治的关系、首领的关系、编制上的关系、行政的关系相联系的,个头、体格与那毫无关系。

当然,东北军当年开始的时候(并不厉害),第二次奉直战争,东北军很好,良心话,训练得很好,那时候郭松龄负责训练,我训练兵(训练得)并不好。等到郭松龄叛变了以后,这个东北军的训练就没有那么好了,尤其是我带的东北军更坏。

怎么更坏呢?那时候我们东北军分三派了,一个是张宗昌带的,一个是李景林带的,一个是我带的。那时候东北是发奉票,我们军队是给奉票,奉票不值钱呀,我们那饷比人家差得太多了。

要说我们过去失败不失败的缘由,我心里是知道的,可是我无能为力了。怎么无能为力了?我们东北军这个伙食,原来军队都是当兵的挣自己的钱,就是自己吃自己的。因为经常作战,作战的时候就给发粮,士兵们喜欢,愿意作战呀,但回来了,又是你自己吃你自己的。东北军后来就分开了,就是粮食是粮食，饷是饷，粮食由公家发。后来东北军没办法，我们就发点粮食，我们明明知道军队里头吃这个粮食是怎么吃的，比方说这一连人，本来应该一百人，他现在剩了九十个、八十个，他还是领一百个人的粮食，那粮食那钱哪儿去？明明知道就是给他们军队上了，所以这样子慢慢地，就跟咱们军队刚到台湾一样，你自己去自力更生去，所以这事情慢慢弊病就出来了。

开始时候没弊病，慢慢弊病出来，就把这个纪律弄坏了。后来的东北军实在就是腐败下来了，就是钱的问题、饷的问题。人家张宗昌什么的都能拿走，他们自己地方有钱；可是我们没有，还一样。他们把军队都扩充了，我带的军队没扩充。郭松龄倒戈也是跟这有一点（关系）。张宗昌出去的时候本来是一个旅呀，第二次奉直战争的时候，他一个旅一扩编，差不多是好几个军；李景林是一个师，一个师就编成三个军。那么我们没有扩编，所以这郭松龄嘴不说，心里也是难过的。

我的部下都有这个想法。这是事实嘛，我有什么法子呀。我那时候给我父亲出几个道儿，我父亲骂我，妈的，你小子要当督军，你要想起来？

没办法！当然我没办法，所以，那时候我有一次就想走了，不干了，把那东西扔那儿，不做了，我真想不干了！那时候韩麟春跟我很好，他跟我讲，他说要走（也）是我走，你走，你能够把你的军队的事、能够把你儿子的事扔下走吗？你往哪儿走呀？

我就想走了,就想出国,自个逃走了,不干了,不干这个了!

我什么都干,香烟我不抽,抽大烟,那个烟太小。人家是吃喝嫖赌,我是吃喝嫖赌抽,我什么都干,我抽鸦片。

我跟鸦片第一次作战、第一次抽鸦片是因为发火了,气的。

第五章 不做东北皇帝

你跟他呀,傀儡还要装得像傀儡样呀,你要知道,给日本当傀儡,你那个傀儡都不好当得很呐!

——张学良

1. 东北易帜

我有一首诗,倒是想要告诉你——

谒延平(王)祠

逆子孤臣一稚儒,填膺大义抗强胡。

我最得意后头两句:

丰功岂在尊明朔,确保台湾入版图。

你看出我这诗有什么意思在里头?我是在讲我自己呢。

假如我不是这样,东北不是就没有了吗?我和日本一合作,我就是东北的皇帝呀!日本人真请我当皇帝了,真请过我,跟我声明了,做皇帝!

谁干的呢?就是土肥原呐。他是王道论呐。

话儿都说明了,我就因为这个跟土肥原说崩了,我就知道东北不得了了。

他一直不死心，那个时候他不让我跟中央合作：你当东北的皇帝，我日本捧你，日本帮你。

我为这事情跟他火了！

那个时候，奉天负责任的日本人叫秦真次，他们叫特务长官，我把秦真次找来，我说你把土肥原换掉。

土肥原，他不是我的顾问，他是北京政府的顾问，跟我父亲来了，就当这个东北的顾问。本来日本"二十一条"里头定的是有条约的，说奉天的军人要有两个顾问，一个上校、一个上尉，两个顾问。一定得请日本两个顾问，那是订好的，"二十一条"上有的。

所以，我就跟这个说请你把土肥原换掉的时候，他说你没有权呐，要不要他你没权，这是我日本政府的权呐。可把我气死了。

我这人呐，人家都说我是怪人，说我惹事情，都是这么惹出来的。

我说我没权啊。是，他是我的顾问，我可是没权换呐。那好，我说我有权没权，我不跟你见面，这我就有权了。

我就告诉我那个叫陈起的传达，我说土肥原顾问随时哪个时候来，随时我都不见，你就说我不见！

当着土肥原的面，我就跟他讲，我说你听着了？！我可以不见呐！我不跟你谈话，我不见你，你是我的顾问，我不见你！

你说你让谁当顾问？他们让步了！

这问题就大了,就是后来那个日本人被枪毙了。有一个日本军人跟我很好,这个军人不讲他的名字了,我就叫他。他是空军的中校,后来他就被派来当顾问。当顾问不要紧呀,我的顾问是他,我们俩处得很好呀。可是后来有人告诉我,说他被枪毙了。

我问过日本人,日本人都说不知道,反正"九一八"事变以后,他回日本去,回去就把他关起来了,日本军人呀,把他枪毙了。

不久呀,秦真次调回日本去了,土肥原回来当长官。哎呀,我知道这个事情糟了,我就晓得这个问题大了。他回来当特务长官,他不但是没有下去,还升官了,东北的特务都在他手里头,我就知道要有事情了。

我这么跟你说呀,这个日本人呐,我跟你说我那个时候的几个人。跟我说实话的这几个人,一个是当时我的顾问,叫翟山。这个人说了句话,他说,中日冲突不但不是中国之福,也不是日本之福。还有些个人,我先说一个人,他叫什么,我现在在嘴边说不出来,日本关东军的一个长官,还一个关东军的司令。这两个人都很好,很想把这个事情搞好,这两个人的名字我都说不出来了。

那时候,因为东北的大连、旅顺条约要满了,我那个时候就想收回,那个日本强硬派的武官就跟我讲,他说我们日本有句话,那个城是用箭射回来的,你搁箭射回它去。什么意思?

那个城呵,我是用箭射来的,你要拿回去,你就要用箭射回去,你想搁嘴要?

可是我就说这几个人,这几个人的名字就在嘴边,不参考我说不上来他是谁了,我们都说得很好。我对他们说,我的主张啊,中日的问题要是不解决,将来总是一件大问题。

当时日本那些有野心的军人,就想把中国吞并了,把中国整个灭亡了。可是这些有知识的人是有思想的,就像我说的那两个人。

我对他们说,大连、旅顺名义上是我们的,事实上我们是收不回来的,我们没有这个能力收回来,我们名义上收,大连、旅顺都是你们日本人的,只不过说主权是我们的,事实上还是你们管。我们用一种选举的办法,让地方选举,用选举的办法选举谁当权,就由谁来管理。名义上是我们中国收回,但是大连、旅顺就像成为一个公共市一样。

他们都很赞成,后来这两个人都叫日本人给弄死了。

一个就是我说的这个关东军司令官,关东军的司令官呀,他有一个晚上吃酒,晚上回去的时候就死了。他跟我俩很好,我们俩,相当得好。那这个关东军的长官呀,文的,也叫日本人给弄死了,不是杀掉了,是把他毒死了。

那么我再说,日本的公使,那个时候叫大使了,他叫什么,我嘴边说不出来,头一任大使,唉呀,我们俩谈得来。再有那个日本的总领事,姓林,叫林久治郎,我在他的领事馆呀,差不多谈到晚上十二点,俩人谈得呀,他说我回东京去一定先把东北的问题解决，我俩谈得很好。他回去（的）时候，在旅馆里头，晚上黑呀，就死了。说他自杀了，什么人打死的不知道。

所以我那个时候就知道，这个日本呀，一个国家到了这样子，不祥之兆就来了，结果它自己把日本自己毁了，哪儿能这样子办法。

日本人不是都是坏人，就说那个林久治郎，他是总领事呀，我们俩好。

我跟你说个笑话，他后来来办交涉，他说，张学良，你先别看，我走了你再看，我把它放这儿，我是奉命而来。他就说笑话，他说我把公文放这儿，你别看，别跟我犟嘴，咱俩别强饬，我放在这儿，我奉命来，我放在这儿我就走，你回去你再怎么答复你自个答复去，我不管。

我就说日本人也不是都那么坏呀，他也真是没办法。他跟我讲，他说的话是真话呀，他说我们做特务的人都昏了头。我说怎么讲？他说他们什么材料都收买，找情报贩子，什么玩意儿都收买。他说我告诉你，别的事情不说，我就告诉你，在我的总领事馆，有一个副领事是专门管这个的，你知道他经费多少钱？他的经费比我的领事馆的都多，他有十万块的特别费，他的特别费要开销他就得买（情报），他说甚至于呀，你的字纸篓里撕的字纸他都买。他说那些军人呀冲昏了（头），那些真的假的不管什么玩意，什么他们都信。

他告诉我一件事，日本给我一个勋章，是总领事给我送来的，日本方面的报纸说，我把勋章拿起来就摔地上了。

这个总领事说，哪儿有那么回事呀，但是我们的谍报就说你摔地上了，谁给的谍报就不知道了。

所有各省都挂起来了，这个旗呀，是我们被服厂一夜两天秘密做出来的，我们把旗发出去，所有的旗都挂出来，日本人居然不知道，我就讲这段事情。

曲折？没有什么曲折，就是他们逼我们不许挂，不要跟南京走。我跟你讲过，那个人我佩服他到万分，就是田中派来的特使——林权助。这个人，那真是外交天才。他本来是谁呀？他是皇太子——就是日本后来的皇帝的老师呀。

哎呀，这个人可会讲极了，那他把我讲得呀，劝说我好多的话，都是那个时候的话，"不改为父三年之志，可谓孝也"什么的。

我没给你讲过这段？我总是不给他一个明确答复，模棱两可。

到最后呀，这个人好厉害，所以我很佩服他，后来我也想我自己，我感觉我有一点太过于兴奋，有一点失言。

在林权助那个事情上，我认为我失言，我自己后悔得了不得，我也吃了点酒。

他要走，回日本去。最后我请他吃饭，他再三逼我，他就跟我讲，他说我呀，我这么大岁数，他跟我父亲认识的，他说我跟你父亲的关系，又是田中派我来当的特使，奉命而来，你始终不跟我说一句落实的话，净说这种模模糊糊的。

那意思呀，是说我这老头子，这么大岁数来到你这儿，我回去无所交待呀，我没得到你一句话呀。

我也喝了一点酒，我本来那个时候是不太能喝酒的，喝了一点酒，那么稍微跟他说了一说，说到最后，我说你老先生替我打算的，替我想的，你想的事情很周到了，比我自己想得都多，我自己都没想到。

那他很高兴，他说很好。

我说，不过有一件事情，你没替我想到。他说哪件事情？我很愿意知道。我说你忘记了我是中国人。

他不讲话了，他不但不讲话，我去送行的时候，他带了个随员还要跟我讲，他指指他，不让他跟我讲，不让他再提。所以我知道我失言了。

我怎么失言？他回去后就说，以后你们不要想了，用日本那一套，以后不要想这个人。他回去在日本公开发表了，回日本公开地讲，他说日本不要对这个人再做什么打算。所以日本就决心对付我了。我这一句话就失言，我说你没想到我是中国人，我的意思是我要不是中国人可以，我是中国人呀。所以我说我失言，日本以后就开始对付我了。

有人说我不易帜[1]，自己独立的话，东北可能可以保下来。那我就变成日本的傀儡了。那东北是大呀，你大概不知道，可

---

[1] 1928年12月29日，张学良宣布东北易帜，拥护南京中央政府。

是我们完全在日本人手里，日本要怎么办（就）怎么办呀！

换一句话说，这句话根本就是很不懂得情理的话，我怎么责备不懂得情理？我父亲为什么死的？我先问问，为什么他们要把他炸死？他就是不给他们当傀儡！你要做，你就得当我的傀儡呀！明白这话？

日本要干什么呢？对你好吗？它是要侵吞你呀！

我跟日本人说笑话，日本人我也有好朋友。我说，你们日本人呀，不能够叫人家跟你合作，我说一句笑话，就好像我有老婆偷你的人，你别吱声，咱俩就算了，你干吗还要夸口，说他妈的那小子他老婆跟我睡觉了。我说你们日本人就爱干这种事。

你跟他呀，傀儡还要装得像傀儡样呀，你要知道，给日本当傀儡，你那个傀儡都不好当得很呐！

说大帅如果在的话，不会跟中央合作，这话那可不一定，那就不知道了。

我就说这个事情，这话也有道理，那时候我父亲回到奉天，下面他要怎么做，那不知道。

我说日本人混蛋，也许那时候操纵我父亲能比操纵我容易。他们没想到我这个家伙是这样的。

我现在九十岁了，我也不做政治的事情，我才敢说这句话，谁也没想到我张学良这个人这么样讨厌，不论是谁，大家都认为我是个年轻小孩。

你知道，就连杨宇霆他也想操纵我，都想操纵我，（但）

我这人不受操纵的，今天说一句话，就连蒋先生也想操纵我，我也是不受操纵的，我到今天我也不受操纵的。我有我自己的主意，我有我自己的见解。那我这人做事就这样，那时候我也不信基督教，我问心无愧，我就这么做，我不是为我自己。

2．阎锡山干不过我

阎锡山这一点这个事情，好像是谁告诉我的，说那个徐永昌讲的，他说阎锡山干不过我，好像是徐永昌对谁说的。

说干不过我，什么意思？

我就说阎锡山这个傻瓜，"扩大会议"他偏偏要拉着我，我从来都是模棱两可的，说给我这个部长，给我那个地位什么的，我从来都没明确，我也没说反对，我也没说答应，没答应就等于反对呀，要不怎么说干政治呢，我总是模棱两可的。

他就没想到，我在那块儿摆着那么些个军队，那我的军队一出去，你看怎么样？我在山海关摆着那么些个军队，他一点没防备这手儿啊。那我军队一出去，他不就垮了吗？然后我就打了个巧电，我打了个电报，武装调停啊。我就说他没防备这手儿，如果他要防备，他不能那么垮了，所以你说政治，干政治这个事！

他大概量我不会怎么样，才那样做的，这就不晓得了。

这事儿是这么开始的，阎锡山在开"扩大会议"[1]前，他给我打了个电报，并且我的秘书长还到他那儿去过一回。那个时候，我们对中央不满，对中央政治上不满呐。那么阎锡山就说，咱们两个人，有这个资格，我们两个人对中央政府去个电报，去个建议电报。就像今天人们常说的一样，要改革，什么事情都要改革一下。

那我给他回个电报说，我赞成你，那你领衔吧，你拟个电报稿子。你拟，我赞成。

等到他拟回来电报稿子，我一看，哎？他就是请蒋先生下野的，这是个什么事？！我就给他回个电报，我说，你请蒋先生下野，可咱俩说是请中央政府改革，你说请蒋先生下野，那么他下野，是你干还是我干呢？到底谁干？是你要干吗？我说，你要请蒋先生下野，我不署名啊，我不署名！

我特意派我的秘书长去他那儿一趟。我说，你这什么意思呀？你说咱俩开始的时候，来往电报说是谏政中央政府，应该改革，我答应了你，而你怎么忽然变了？你怎么要蒋先生下野呢？下野干什么？后来，他告诉我的秘书长说，蒋先生不走，你没法改革。

---

[1] 1930年3月，国民党各派反蒋力量发表联名通电，推举阎锡山为全国陆海军总司令，冯玉祥、李宗仁、张学良为副司令。4月，中原大战爆发。8月，反蒋派在北平召开"中国国民党中央党部扩大会议"，简称"扩大会议"，另立"中央"，与南京政府对抗。9月18日，张学良发表"巧电"，派兵入关，武装调停，反蒋联军失败。

孙传芳跑掉干什么？杀了杨宇霆，为什么他就跑掉了？他害怕！

他是这个样子，我讲到孙传芳了，这人呐，血气既衰，戒之在得，不甘寂寞。他在奉天当寓公，本来是很好的。

他有一次啊，他到我现在的太太那儿，那是我在外头的一个家，他就到那去见我。

那个时候就是"扩大会议"要起来的时候。让他干什么呢？阎锡山[1]、冯玉祥、汪精卫，那是"扩大会议"的首领啊，他们让他到江南去活动，孙当过五省总司令呵，给他一个五省的宣抚使、还是招安使这么一个角。那么，他就客气地问我的意见如何。

但是事实上呢，他是让我帮他点忙。帮他点人，帮他点枪，他没有东西嘛，空手而去呀？意思是如此。但他就是很客气。他那时候腿上还闹点病，我就管他叫孙馨帅。[2]

我说你问我、征求我意见，馨帅，你混到现在，你还给阎老西当个别动队长吗？他听了就知道我反对呀，他就没吱声。等到"扩大会议"召开了，我一动作，他就更害怕了，他怕我扣他，所以，他就偷偷跑掉了。

这个人，孙传芳这个人，后来我也看透了。

阎百川那时候他就没想到我会出兵，他也没想到我干那手

---

[1] 阎锡山，1883—1960年，字百川，山西五台人。
[2] 馨帅，即孙传芳，1885—1935年，字馨远，山东历城人。

呀,我的军队会派出来呀。所以我说阎百川、冯玉祥他们不够,为什么,你们就想你那么样,你没看看我东北那么些个军队在你旁边待着,我要一动弹你可怎么办?他就没想到这事,他想我不会动弹,那我军队一出来他不立刻就完了吗,就垮了。

就这样我打了"巧电"这个电报,我的电报就是武装调停,我那个调停里头包含有两个意思:你不停,我就打你;中央要不停,我就帮着你打中央。你明白这意思不?我这话是两说的,我就是要中国停战,不要打仗。我的心里呀,实实在在反对内战,反对透了!

3. 美丽的东北

在松花江里的鱼呀,他们讲,小的呀,都要一百两百斤,小崽儿,都要好几个人抬呀。

我最远到过同江,我为什么到同江去呢?我到同江一路上还很有意思,很有些故事。

我就跟那个沈鸿烈,我们两个一起去的。当时在同江,中国跟俄国起了一个冲突,在同江那个地方起了一个冲突,因为界线划得不清,我奉命去调查这件事情,同江的名字,那个地方真正的名字叫拉河苏苏。

我就讲这个鳇鱼,那时候我父亲在呢,有一年黑龙江省政府送我父亲一条鱼,我母亲就要看看这个鱼,这个鱼是没法让看,光把鱼脑袋给她抬过来,搁个大篓筐,两个人就抬着,就看了这么个鱼头。

我不敢说啊,我随便这么一说呵,大概我们吃的鳇鱼肚子,就是它的肚子。东北最好吃的就是松花江的白鱼,那白鱼就跟这个鲥鱼是一个味道,但它没刺儿。

那天谁给我讲,台湾这儿来了客人,主人一般讲究吃活鱼。我们在东北的时候,一般能吃到的也就是冻的鱼,因为那鱼出水就死了。

我吃过一次新鲜的,怎么吃的新鲜的?就是我去调查去了,我们带着一个船,当时还带着军队,因为那儿有土匪呀。我们走到一个地方,那个地方水浅,船走不了了,就停在那儿了。晚上黑,船不能靠边,就搭了一个跳板,搭下来。

晚上,有月亮,我就听我的兵们吵,我就说吵什么,闹什么?他们说看见河里有个鱼,挺冷的天呐,八九月间了,他们下去就去抓,把这个鱼活着给抓上来了,一条白鱼。第二天早上,我们在船上,搁白水煮煮,那好吃极了,新鲜白鱼那太好吃了。我本来不大吃腥的玩意,所以我说人呐。那个真是美味了,可惜我没有苏东坡做首诗的天分。

现在我也很爱吃了,就是沙门,那时候在江上抓到鱼,把它扔在边上,打鱼的不要那个鱼,把它扔在河边,现在值钱了,当年没人吃。那时咱们怎么样呢?有那个人,把它捡去,拿到哈尔滨去卖给俄国人。中国人不吃。

所以,吴铁城说过一句话,没到过东北呀,你不知道中国之大。

你知道人家管我们东北叫什么？特别是对奉天人，就是辽宁人，叫"白帽子"，这个"白帽子"，我想大概是从旗人那里头说出来的，大概的意思我还不明白，为什么管我们叫"白帽子"？

当年我对朝鲜人很恨，他们专门给日本人干坏事，就仗着日本势力欺负中国人。

你们知道东北人参吗？那采人参的，可真是可怜呐，采人参的大多数都是山东人，没有我们土人。到那是冬天去采，不是夏天采，常常就死到（大山）里头，迷途呀，他要迷了途，带的吃的没有了，他就没办法，就出不来了，连冻带饿就死里头了。

对人参我父亲是内行，他对参茸最内行了。

他们采人参的人讲，说那大雪，那都下得多厚啊，奉天的冬天，你没到过奉天吧？那冬天什么都看不见，那都是雪啊。

他采的时候，说看着那个雪，一看那雪有个洞，底下一定就有。他们说挖人参不是用铁东西挖的，是拿竹子和木头来挖。冬天那很冻很冻的冰，不过在雪底下比较软一点，就一定要今天把人参挖出来，要是不挖出来，说它会跑了。我想那是迷信。

那人参都是这么大，是普通的，差不多都是这么大，一般的我想有半两到一两这么重吧，我说不出来。我们那里讲，七两是珍,八两就是宝。八两的很少,我们家有一个八两的,是人家多少年挖到这么一个回去,送给我父亲了,一直在我那个客厅里,装在一个匣子里,就整个搁那儿摆着。

挖人参的人苦得很呐,常常就冻死在里头。

在东北打猎,那所谓一些猎户呀,那是另外一种事情了。我们在东北的时候,猎户他们都是在吉林那边,对他们都相当怕呀。第一样,都是枪打得好,他们指望着枪活着么;还一样,打猎的人,屁股上都带着一块皮子,因为他是坐着打,他们打猎都是坐下打。换句话说,他们也在当土匪。有时候遇上猎户,就是遇到土匪了。

我当时在吉林边防军,那个东北土匪都是在那一带,所以,后来日本起来、东北抗战的时候,那时候出名的几个人,都是在那个地方。他们当年就在那儿,什么事都干的,土匪也干,什么事都干。

我们奉天就是这样,不能说全体呀,差不多都是这样,就现在这个时候,所谓青纱帐起,晚上女人上炮台啊,男人睡觉。因为男人白天要出去,所以,女人上炮台。看外头有什么,有什么动静(没)。

那东北的情况啊,我们东北人讲,好狗不吃家里的食儿;就是土匪不抢家里的。我们东北那儿的土匪大多都是,尤其我家那,都是搁热河来的。这晚上就来了,来袭击你了。所以晚上这女人都上炮台(看着)。

我们讲响瞭,什么叫响瞭呢?这家炮台很好,晚上这女人差不多都到这家来,女人晚上上炮台,都带着枪,拿步枪,躲在炮台上,假如有什么动静,女人开枪,睡觉的男人就都起来了。所以女人都会打枪,都会放枪。

4. 市长风波

我跟俄国打仗,是很自不量力呀,那个时候就很想要施展一下子,不是旁的施展,不是扩张,就是想要把东北的地位提高了,那就必须跟外国人打胜一下子。

我们本来跟俄国打仗[1],刚开始打胜了,俄国把他们的军队换了,换了加伦,后来他来了。那打得惨呐,有一个旅整个全灭了,是一个姓韩的当旅长,整个全灭呀,团长自杀的自杀,阵亡的阵亡,全军覆灭,都没有了。

我那个二弟弟(张学铭),我最不喜欢他,他总是觉得我起来得很快。我就骂我的二弟弟,我亲弟弟,他当天津市长,是我最生气的事情。

我在这个地方发表点秘密,你们两个人都好写东西啊。这是我到现在,平生最抱歉、最难过的一件事情,这完全是吴铁

---

[1] 1929年7月,中苏之间由于中东铁路权归属问题爆发冲突,史称"中东路事件"。

城干的。

就是因为天津市长、北京市长、青岛市长这三个市长，我本来都有内定的人，甚至天津市长我已经内定，是臧启芳[1]。后来臧启芳为这件事情很不高兴，以后我就跟他开玩笑。本来臧启芳他自己都知道了，我跟臧启芳都谈过了。

这个吴铁城[2]啊，他送我人情，但吴铁城有坏意，我（也）不能说他有坏意。他是一方面送我人情，一方面吴铁城在东北做工作啊，要拉拢他们这三个人。因为这三个人，一个是我弟弟，一个是周大文，周大文是我玩儿的一个朋友，是给我父亲管电报的。我那时候有个秘密的姨太太住在他家，是这么样一个朋友，你知道了？那么这个胡若愚呢，是我那时候到北京在一块玩儿的朋友。我绝对不想让他们参加政治上的事情。可是吴铁城就保荐他们三个了，中央就直接任命了。

本来那时候，就连主席什么都是我自个儿说了算，不但不能说是保举，简直就等于我委任一样，反正中央承认了。

那么中央就忽然发表这事，我非常的气，就想给蒋先生打个电报，给顶回去。

我有这个权呐，有这个力量啊。我再三考虑呀，我想我这要顶回去，他们三个没关系，吴铁城这个事儿就不好办了，老先生当然要火了呀，吴铁城这一下子就完蛋了。

---

[1] 此事发生的时间约在1931年3月，此处的臧启芳，据张之宇女士考证，应系臧式毅之误，见《张学良探微》。
[2] 吴铁城，1888—1953年，今广东中山人，国民党高级官员。

我再三考虑，就没顶。

我平生这是最难过的一件事情，就是这吴铁城干的事，因为我跟吴铁城也是好朋友啊。你怎么干这么一件事儿？你怎么不跟我商量一下子呢？

我想他有两层意义，一个是送我这个人情，看看我和他们都很好的，他就保举了。二一样，他也拉拢这三个，而且他们这三个人也都会点儿外头的。那吴铁城拉他们，也许就能知道一些内幕的消息啊什么的，知道得多，以后好使用他们三个人。

我为这个事情非常难过，到现在我心里头还难过。

这事儿和张岳公[1]没关系，那时候他不在东北，走开了。就吴铁城在东北，住在那儿，长住。张岳公这个人呐，做事儿慎重得很呐，那个人可是稳得很。这吴铁城就不稳。后来我想想，假如这件事我当初真火了，要那么一干呐，他们三个是小事，他们三个算不了什么，可是吴铁城这下子完了，吴铁城的前途就完了。

吴铁城不是蒋先生的人，是胡汉民的。那么吴铁城也把中央这秘密的事告诉我好多，那时候我对中央的事儿不详细呵，那吴铁城告诉我谁是谁，张岳公是怎么样，谁谁怎么样，谁的背景什么样。所以我说我要（真）这么一下子，就把吴铁城送下来了。所以我就没法子了，我为这件事非常难过。

---

[1] 张岳公，即张群，1889—1991年，字岳军，今四川成都人，国民党高级官员。

我的部下也为这件事很误会我，人家不知道是吴铁城搞的，以为是我的意思啊。当时那主席呀什么的都是我下命令，说谁就是谁。那个时候是这样的，"扩大会议"完了，北方的事老先生都交给我了，整个儿交给我了。山西的事什么事儿都交给我了，我要怎么处置就怎么处置，我怎么处置就答应我怎么处置，没有说不的那个字。我连跟中央商量都不（用）商量，就是我打个电话给中央就是了，那就是那儿样的。换句话说，那北方整个儿就在手里。

所以，大家都要来想着几个省主席的位置呀。

北京的那个市长位置，我好多个军长都惦记着呢，王树常就是我的军长嘛，第四军军长，他出任主席。那个于学忠也是我的军长，出任北京的警备司令。等到那察哈尔的都统，是我的一个旅长啊，旅长出去当察哈尔的主席。所以这个天津市的市长，好多部下都想这个位置。怎么出来（周大文）这么一个人呢？那儿谁都知道他是我父亲的一个译电员呐。

北平的市长，我还没想是谁呢，脑子还没想呢。

天津原应是臧启芳[1]出任，臧启芳原来教我念过几天书，可因为东北大学闹事情，我对臧启芳很不器重，几乎要把他们都枪决了。我这人要发脾气，说枪决人家就枪决人家。

东北大学学生闹风潮，哪儿是学生闹风潮啊，其实是他们

---

[1] 臧启芳，1894—1961年，字哲先，辽宁盖平人，1930年10月曾代理天津市长，后曾任东北大学校长。

几个教授闹风潮。为什么呢？教授想着一件事儿，没想到手儿，他们就鼓动学生闹风潮。我凶得很呐，就到学校去。后来，我那个秘书长老爷给我下一跪，他说你可千万别干这事儿，他说那可不能。

我想把他们几个都枪决了，我没看过学生闹风潮，当教授的也鼓动学生闹风潮的。你不知道，我这人年轻的时候凶得很。

我到东北大学跟学生们说，我这个东北大学的校长，不是运动来的，是你们把我请来的，我今天也有权，你们闹吧。你要再闹啊，我说我有两个手段：一个是我把东北大学解散关门，我告诉你们个明白，你们随便，你们自己决定；第二呀，我告诉你们，你们再闹，我可派军队来啊，军队把你们包围了，我要使用武装力量。你们自个儿决定。那学生立刻就老实了，都服气了。

当时我要把臧启芳他们四个人都枪决，我那个秘书长就给我下跪，他说，你不能啊。我说，你这是干什么？他说，不是，我知道你发脾气，你真干呐！你不要发脾气，你饶了他们吧。

后来我把臧启芳从东北大学就调到哈尔滨当处长去了，是中东路的一个处长，很好的一个差事。

5. 和汪精卫的交往

那会儿，中央开会，那我们无聊，尽做打油诗，我不晓得谁做的了：一生猪狗熊，两眼财权势，三是吹拍骗，四为礼义廉。

我本来是坐在前头的，后来蒋先生规定的，按岁数论，六十岁的坐头一排，我那时候才不到三十岁，二十几岁，我坐在最后头，汪精卫在前面，我写打油诗：少活三十年，座位下三排；没前我不怕，屁味实难闻！

没事尽在那儿做打油诗，会开得无聊。

大委员小委员，中委执委常委，委实无聊。

男干事女干事，男干事干女干事。

那时候蒋先生有三个词：死干、硬干、快干。我就写：死干硬干快干，干得有趣。

呵呵，不说了，不说了，吓得这几位太太都不说话了，一会儿要骂了。

开会大家没事就写个条子，你给我（传），我给你（传），委实无聊么，真的是委实无聊。

汪精卫是这样，你听我讲这段故事，我对汪精卫非常地佩服，我佩服汪精卫。

那个时候是所谓三角同盟[1]，总理先派的代表是孙德升，跟这个很老很老的，姓宁（宁武）的，后来当了共产党。再后来就是派汪精卫和李石曾。他们来了，我那时候还没做太高，就是招待他们。

我就跟汪精卫谈，他那口才真是一流。我就问他一件事情，我从报纸上看的，因为他的行踪我很注意，我很佩服他，年轻时候我最佩服汪精卫呀！那些年轻的革命家，李烈钧、胡汉民呐这些个人。我就问他，报纸上报（道）你过大连，你去吊庆亲王，真的吗？你吊他干什么？

他说真的，是我吊的，他说我吊他有个原因。他就告诉我说，我当年被捕，庆亲王审的。要杀我，庆亲王可以杀我，但庆亲王没杀我。他说，庆亲王就跟我讲啊，说，你们这革命呀，是有原因的，看我们清朝太坏了，假如你们成功哇，我看你也不能强过我们清朝。

他说的这句话应验了，我们今天成功了，还真不如人家清朝，弄得这么糟糕！

我这段说的是真的，我们就是这样一个关系，来往得很好。

我跟汪精卫俩闹别扭，就是一件什么事？跟汪精卫闹翻的事是怎么闹翻的[2]？后来也没什么太多关系，就一件事情闹翻

---

[1] 三角同盟，1919年，孙中山与段祺瑞（皖系）、张作霖（奉系）联合，结成反直三角同盟。
[2] 张学良、汪精卫发生冲突一事，时间在1932年6月。

的。两个人闹得很翻。

我在北平负责任的时候,"九一八"事变以后,我在北京负责任,他到北京来了,跟宋子文两人来的,宋子文是我的好朋友。拿着蒋先生一封信,他说我有蒋先生一封信拿来,那时蒋先生是军事委员会委员长。这封信呢,蒋先生很客气,就说汪院长到你那儿,跟你谈一谈,你好好跟汪院长谈一谈。

我就简单跟你说吧,他来了,就说现在你的军队应该跟日本人打一下。他的主意是让我们跟日本打一下子。

我就问他,咱们真打吗?你中央有什么办法吗?他说你要不打,南京政府受不了呀,你打一下子。我一听,说是不是中央里有所准备?没有!能打怎么样?一定打败!那我一听,为什么要打?他说首先在外面压力太大,你呀,军队动一动,打一打,跟日本人打一打,做个样子。要不这样,政府恐怕就维持不住了。

他们要我跟日本打一下,可以平息国内的反对声浪。

我说,汪先生你说什么?我说我张学良从来没让我部下给我去打地盘,我利用我部下。你那么样做,我问心有愧,我不惜打一仗,拿我部下生命来换你们政治生命呀?那不是我张学良。

我说蒋先生的信是这样的,蒋先生在信里让你跟我商量,蒋先生要给我下命令,那我没法子,那我就打。你为什么不给我下命令?他那时候是行政院长,我说你为什么不给我下命令?你给我下命令,我当然要服从,我没法子,我非服从不行呀；你既然这个事情让我自个儿自动，我不干。你中央是不是有所准备？你真要打，那我打。你不介入，（只）让我敷衍一下子，舍掉我（那我不干）。

我说这话就是主题。我这个人呐，我这人说话，有时候一着急毫不客气的，我说我张学良从来没拿我部下做交易，牺牲我部下而来换我的政治生命。而且你中央政府的政治生命力，你别找我张学良。

他说，那这是蒋先生让来的。我说蒋先生的信里说得很明白呀，是要你和我商量呀。我说如果你中央政府要怎么样，他军事委员会有权呐，他给我下命令发动，我就得发动。他下命令了吗？你跟我商量，就是要我拿个意见，你要我拿意见，就是你要问我了，你要问我，我就是这个意见。

他就非常生气，好像是我以行政院长身份来跟你谈，你给我碰了这么大一个钉子。

还有呢，这出事情是我不对。我这人不对的地方，我就说我不对。我晚上跟宋子文出去玩去了，我就没理他。我跟宋子文俩是好朋友，我们两个出去上北海玩去了。

他在这件事情上非常不高兴：你不好好招呼我，你跟宋子文俩去玩。他为这个事情非常火，回去就辞职了。

那他回到南京，他就辞职了，打出通电来骂我。我也辞职了。但是我辞职中央会挽留，他辞职了就走开了。就这样，两个人就闹翻了。

"中央党部"（事件）以后，他给我写了很长一封信，他也不客气，他说，老要张狂少要稳。他是觉得我不尊重他，就是我不听他的话。实际上是这么个意思：我来了这么大个行政院长跟你商量，你给我碰个大钉子。

我从来就说这句话，我从来不拿我部下、利用我部下给我打个地盘，现在我的部下还有啊，你可以访问我部下，所以我部下现在对我还是尊敬。

我从来没有这样，你到历史上去翻。那个时候我跟我父亲南征北战，我在我父亲手底下是个将，让我打什么我就打什么。可是到我自己手里，你看我打过什么仗？我自己每次打仗都是为了中央统一。

中央党部的事情是这样的，所以有人问我一句话，他说张先生你为什么救他，你救他干吗？我说你问我这句话，就证明你这个人呐，脑子没有。我说那是霎时间的事情，一秒钟的事情，我脑子还能想一想？

那天那个事情非常的奇怪，我多少会点武术，我跟你说我最奇怪的就是那天，我们本来先去谒陵，那天的气氛非常奇怪，那时候蒋先生的那个警卫跟我有联络，他说你自己要小心啊，他就告诉我说今天的气氛非常紧张，他并没说有什么事，他也不知道，就是那天的气氛非常的紧张。

是这么个事情，现在说起来很可笑。我们总跟这个吴铁城啊，大家开玩笑，大家都彼此开玩笑。我们那时候年轻，在一块儿尽扯淡，尽开玩笑，在那没事等着嘛，都站在那儿。

我是站在那个上头很高的地方,我们就开玩笑,我们说吴铁城是林森[1]的干儿子,开他玩笑。因为吴铁城当年跟林森在九江待过。

那天,张继[2]他们几个老先生在前台,张继先生穿花道呢子的一套中山装,我们在后头几排。在后头我们就开玩笑,大伙就说,呵,这个张溥泉今天怎么这么漂亮!说你看张先生今天那么漂亮,穿上花道呢子照相了。

大家就开着玩笑,要不然我还不知道是谁,我就那么看着张溥泉。

这时就要照相了,大家就等着委员长蒋先生。

那天很奇怪,蒋先生没出来,那天老先生并不是有意不出来,蒋先生没出来的原因,后来我们知道,他好像是因为阎锡山来大家都鼓掌,而汪精卫进来没人鼓掌,好像这么一回事。还有呢,好像他跟那个秘书长叶楚伧不知为什么,(蒋先生)他骂了几句,生气了,火了,他没出来。他在骂叶楚伧来的,也是因为汪精卫的事儿,也是因为李长浩布置得不合适,他生气了。

本来大家在外面等着照相,那他不来了,所以大家就照相。因为没出来,后来惹出了好多闲误会。

那么大家等他,后来说他不出来了,那就照相。一照完相,刚一转身要走,开枪了。

---

[1] 林森,1867—1943年,字子超,福建闽侯人,国民党元老。
[2] 张继,1882—1947年,字溥泉,今河北沧州人,国民党元老。

你知道当年呐，南斯拉夫，那时还不叫南斯拉夫，叫塞尔维亚。他那个王储到法国去，有一个相片呐，一开枪打，那个警察就拿刀往车上来，人家都往一块拥挤去抓那个刺客。

咱这好，"聋子放炮仗"，懂不懂这句话？散了！聋子放炮仗，不知道炮仗响了没响。

这一打枪，大家是"哗"都炸了，那跑的笑话多了，就别提那个了。

我是坐山观景，关键是我在高处。我在第三层上，这人都跑了，我一个人在那儿看怎么回事。我一看，霎时间的事，这张继老先生就跑上去抱住一个人，就抱那个凶手。那个凶手也不是太厉害的，厉害是拿枪打人厉害，别的他不厉害，后来才知道，他是一个左轮枪，他的枪里呀，装了三个子弹，也不是四个子弹，子弹是布劳宁的子弹，你也懂得吗？打出来是一样打出来，但是没有力量呐。他大概是买不到，也许是误会了，一想那布劳宁是钢的，钢弹比铅弹有劲儿。因为布劳宁子弹不能走来复线，不能转呐。它松啊，小啊。

我就看他抱住了那个人，看得很清楚，这么抱住，那个人就拿着手枪，这么打他，他抱着他么。

哎呀！这个张溥泉他怎么这么大胆子，那家伙拿着枪，他那个枪没有子弹了，有子弹他就把张溥泉打死了。所以想起来这个事情，那真是！那人家都跑了，我站在那看热闹。

哎哟！这张溥泉，我就喊他，就下去帮他忙去了。我下去，我从前学过武，学过一点，不是学得很好，我就上去对凶手先给个绊脚,啪!他就倒下了,张溥泉就扑到他身上,就这么个经过。

那最难的就是那个照电影的,还在那照电影,他应该把电影照下来的么。别的人都吓跑了,都跑了,连警察都跑了,什么警卫,那都跑了,就剩下我跟张溥泉两个人了。

那时候在上海的《申报》,我忘了是怎么报(道)的了,两个人不都是北方人吗,张溥泉是河北的,我是东北的,所以他们就说是北方之强啦。

孙凤鸣这个人好厉害。后来知道是汪精卫的一个卫士,他给孙一枪,把孙打伤了,本来他没伤啊,打他一枪,不但打他一枪,还踢他一脚,踩他一脚,所以他就不行了。[1]

孙凤鸣这个人,可以和荆轲刺秦齐名,可惜呀。

他打了三枪。我跟你说,我这人好研究事情,你要我干什么,我大事小事我都研究。我太太总骂我,你什么事都研究!

我是个军人,我从军人的角度来给你解释,他那是一个左轮枪,他这个枪里,放了三个子弹,只有三个子弹,搁的布劳宁子弹。他为什么不搁铅弹?这个人一定想,布劳宁子弹打得厉害。其实他是个大错误,因为布劳宁子弹不能经过来复线,子弹头小。

可他这三枪,这个人的三枪打的,我给你解释,汪精卫挨了三枪,一枪是打在这儿,打在脸上,一枪打在背上,打在胳

---

[1]孙凤鸣刺杀汪精卫,又称中央党部事件,时间为1935年11月1日。

膊背上，一枪打在后头。汪精卫脸上挨一枪，臂上挨一枪，这个后心挨一枪。你听我给你讲啊，我给你解释，他这个人怎么打的。他开手就奔他这后心打的头一枪，这一定是他头一枪，啪，他头一枪就打着了；汪精卫一转身，他就给他一枪，就冲他的心口，冲他的背，啪，就给他一枪。这个人的枪法打得好，在那个时候他不乱呐，你知道不？你要晓得，你得要明白当时的这个情况，一个人在那个时候，还能够镇静住。你想你研究研究他的枪，头一枪他就往他的背、往心打去了，正冲他的心打去了，这汪精卫大概一扭身，所以打他背上了，他还是冲他这个地方来的。

那汪精卫大概一回身，他第二枪就来了，就打在他这胳膊上了，都冲他这重点来的。第三枪，汪精卫一回头，他再一回头就给他脑袋上来一枪，打他脑袋上了。

你看这个人打的，他并不是在这跟前儿的，都离得挺老远的，差不多有这么一个距离。那你就研究他这个人，沉着、稳。他没梆梆梆梆就乱放，不是那样子。所以说这个人够一个刺客。

我是个军人，可以说他打枪的时候，他拿着这个手枪，手一点没颤，打得很准，一点没有犹豫，很沉着，这是拿他这个行动来判断。

那么把他逮到以后，问案的时候，我也过去了。他那时已经昏倒了，这是汪精卫的一个卫士干的，打他一枪，踢他一脚。本来我们要把刺客抓住，因为这个差点没把张溥泉给打死,这个家伙过去就给孙一枪。我说你怎么回事?张溥泉都抓住他了,你还给他一枪,你把他打死?我非常怀疑这个人,当时我在报告里说我怀疑这个人,要查处这个人,我说都要活捉了,你还打他干什么?

那个时候,刘月衡是中医院院长,刘月衡跟他(孙)讲,你不要误会呀,他说你别怀疑我,我是医院的院长,我不是跟你过不去的,是医生,是给你治病的。你现在不能活了,明天你就要死了。他说死就死么。他(刘)说不是这个意思,我问问你,你死了你怎么办?家里有什么人,谁给你收尸?就要问出他点儿什么。

这个刺客,问他话,问他家,他说我没有什么人。

那你老婆呢?

我干这玩意还要老婆啊?

你姓什么?他都不说。

他说死了你随便给我扔哪儿,叫狗吃了算了,我家没人。那么刘月衡说,我不是骗你,问你家里有人没人不是骗你,是问你有人好收敛你的吗?他说没有,我死了你就把我扔了。

对孙凤鸣,我佩服他有几样事,这个人真够一个凶手,够一个刺客,值得。

谁说他来的目标是对蒋,不是想打汪精卫?这是谁说的?这个人呐,他跟我说明了,他说我专门来刺汪精卫的,跟蒋先生没关系。

他是怎么回事，你知道？他是王亚樵[1]的人。他当刺客杀汪精卫的头一天，那天晚上，王亚樵把太太给他睡一宿。

这王亚樵厉害。后来这个事情证明了，王亚樵是一个杀人的，是被他们广东人买的，真正的幕后是刘芦隐，是刘芦隐要打的，他要专门打广东人：宋子文、汪精卫、杨畅卿、杨永泰，都是广东人，这都王亚樵干的。王亚樵并没有目的要打谁，王亚樵是收了刘庐隐的钱，所以那种说法那是扯淡，那纯粹就没有关系。

大陆有个人写我，他送我一本（书），一步一步地说（这个事），他送我一本，我根本呀就连翻都没翻，因为我一看就讨厌，本来我就看字费事，我就没看，因为现在台湾翻的本呀，台湾翻的东西乱。

所以第一我请求你呀，假如你跟他通信的时候，你替我谢谢他。他是怎么转来的我忘记了，上面他还有签名，交给我的，怎么来的，我都……因为那个东西我连翻都没翻。我没看，当时就是那么一看，就没看到那上面有签的名，我就这么看一看，是大陆（简体）字，我就放在那儿了。现在因为你这本新翻出来了，我就看了，他那个序言呀，完了看了第二篇，我现在正看到第二，你知道我看书很费事呀，我现在差不多（要用）25倍放大镜呀。现在所以我得一个一点小字那么往下看。

---

[1] 王亚樵，1887—1936年，安徽合肥人，民国时期著名杀手。

我给你讲，现在的人呐，怎么讲，我说这句也得罪你了，就总想胡写乱写，毫无根据地，总要显摆显摆我能写东西，他整个就是在说假话，根本不负这个责任。

王亚樵这个人也是很厉害的，他让刺客头一天晚上跟他的女人睡觉。王亚樵死也是死在这个女人手里，后来到了梧州，她把他出卖了，就是这个女人。你知道他的情形？他死就死在这个女人身上，这个女人和戴笠勾结打他，打他的那些人。

实际是王亚樵拿钱，他的背后呀，背后真正的后台还是胡汉民、刘芦隐，还是他们。目标专打广东的。

汪精卫这个人，我之前还对他（印象）不错，后来他当了汉奸了。

我倒是对这个陈璧君，觉得她了不得，那天给你讲了没？

事情完了，把铁门关上了，大家都跑了，进去。汪先生他受了伤了，满脸都是血，搁脸上耷拉血，在那个柱子边上，就在地上坐着。

我最后才进来，我一进来，汪精卫的太太她出来，跟我走个碰头，差点碰着，她问，哎，张先生，你看到汪先生没有？我说汪先生那不在那里吗？她看见汪精卫她就过去了，汪精卫就哭了，跟她说，我完了！我完了！我要死了！

这点我佩服她了，我真佩服她了。这个女人啊，你想一个女人看见丈夫挨了枪，而她丈夫说我完了，你想她头一句话说什么？那不是做假的，好像人家问我你为什么救汪？那时候我也不能细想啊？那时候她也没想啊！她骂汪精卫，她说你刚强点儿好不好？我忘记她怎么说的了，反正意思是刚强点儿。干革命的还不早晚有这么一手？干革命的早晚就是这个结果！这家伙多厉害？干革命的早晚就这个！

你知道她跟汪精卫的关系么？

当年他俩并不认识，都是国民党，她救汪精卫。她是一个女的国民党，并不认识，汪精卫那天要捐躯刺杀摄政王（1910年）。她就答应汪精卫，她说我给你干一下子吧，你明天要死了，我没有旁的送给你。她就答应他，本来两个人不认识，就搁这么，后来汪精卫就和她到一起了。

就说这个女人也是厉害的，真正够国民党的资格。

她坐在我前头，我不知道汪精卫怕她不，我看着都怕。

这个张啸林，知道这个人吗？杜月笙知道吗？当然他们是帮会的人啊。

杜月笙跟我讲，他说你到上海谁也别怕，有我杜月笙。

他给我三个电话号码，他说假如你这家伙满街乱跑，哪天叫人把你卡住（了）啊，你给我打电话。他说你可小心王亚樵，王亚樵并不一定要和你有仇有恨，只要谁要买，给他钱他就干。他不管谁。

你知道那个故事么？王亚樵管杜月笙要十万块钱，敲杜月笙十万块钱。我说月笙这事儿是真的？他说是真的。我说十万块钱是你给他的？他说是我给的。我说月笙你怕他么？他说我怕他干吗？我说你不怕他你怎么给他十万块钱？唉！他说汉卿，你可真是，不是我杜月笙低头，我十万块钱算得了什么？我给他十万块钱就拉倒了，我何必跟他找什么别扭？何况我给完以后，他就听我的话了。

我跟杜月笙是好朋友。

我再跟你说一件事儿，我在北方负责的时候，杜月笙找到我了，求我帮点小忙。他跟我说明白了，他说我弄点鸦片烟抽，要到北方来卖，你想法给我保镖。我说我怎么给你保镖？那我不能给你保。我说要不那么办吧，你带的什么你说，我也不管，我派车，派我自己的座车，你太太跟你来，我去接你一下就是了。你不要跟我说，你带的什么东西我不管，假如有人搜把你搜去我也不管，反正我派一个车把你接来就是了。

我对杜月笙也是非常佩服，因为他是个人物，不能不说他是个人物。

6. 热河失守：东北军是我的包袱

汤玉麟为什么跟王永江[1]闹得不好？王永江比较好战。

王永江不是我父亲的部下，跟我父亲过去没关系，文人之中，他属辽阳派。当时我父亲的秘书长大概是袁金铠，是辽阳

---

[1] 王永江，1872—1927年，字岷源，号铁龛，今辽宁金州人，曾任奉天省长、东北大学校长。

派的,他推荐王永江的。

王永江相当有名,那时他当警务处处长。我这个事情我记不太清楚了。在那个时候,我父亲当师长,汤玉麟是旅长。

按汤玉麟他们的意思,警务处长应该在军人里头(选拔)出来,那忽然出来一个文人当警务处长,他就非常反对。他们不合就是从这儿起的,闹得很凶呀。

详细的我不清楚,他们那时候常常开会,大概在会场上闹起来的。那时我还是小孩子,不太知道,反正汤反对这个事情,当时的情况不说它了。汤回去了,(一气之下)把军队也带走了,带了一团人走了。差点打起来,后来他还是回来了,回来认罪。

汤玉麟这个人粗野得很,他外号叫"汤大虎",糊涂的人我们叫"大虎"、"浑人",不是蛮。

那热河就是他失守的!

我负责东三省的时候,我最难过的事就是这一件事情,我本来打算要撤换他的,可是我不敢撤换他,为什么不敢?就是因为当时已经是"九一八"事变以后了,我怕我一动他,他就投了日本人。真没办法!

本来,我都预备好了,我在北京预备让宋哲元[1]当热河都统,把汤玉麟换下来,可是踌躇再三,终于没有去做。因为我做错了一件事,就是杀了杨宇霆。

---

[1]宋哲元,1885—1940年,字明轩,山东乐陵人,国民党高级将领。

我自个说，我大错了一件事，就是杀了杨宇霆。为什么大错呢？他怕我么？他怕我！那你看呐，他怕我调他上北京，他不敢来！他不来，他明白——他怕我干掉他、杀他。

当年，他们都不怕我，觉得我是个年轻小孩子。待我把杨宇霆杀掉了，他们一看，好家伙，这个孩子，这么凶！

当年，我父亲有个部下，叫孙烈臣，知道这个人吗？那个时候，我当整理处参谋长时，我们在一起吃饭。他就说，如果老帅要杀我，一定就是你要杀我、要枪决我呀！他的意思是说，去执行的人一定是我，最后是我去杀他。

汤玉麟失守热河以后，我当然要放掉军权，我是失败呀。

宋子文、蒋先生和我三个人在一起说话，蒋先生看见我，说一句话，就是：现在船上有三个人，这个船上不能载三个人，总得有一个先跳下去。

我说，要跳下去，那我先跳。蒋先生的意思是让我辞职呀，回来我就辞职了。[1]

谁说我不愿意辞职呀，我这个人是扔就扔掉了，当然我不辞职他也没法子，我这个人向来是拿得起放得下，不是那么回事。

宋子文我们两个是好朋友，我跟宋子文最好。宋子文跟蒋

---

[1] 日军入侵，热河失守，时间为1933年3月；3月11日，张学良发表辞职通电。

先生不和，为什么不和呢？这话也难说，宋子文的脾气也很坏，使唤人非常刻薄。

蒋先生对我，实在是很不错的，要不为什么蒋先生死了我有副对联吊他呢。

蒋先生跟我讲啊，他什么话都跟我讲，他说，汉卿，我知道你好玩呀，回来你不要再玩了。第二样，他说你选择，你出去以前，国内对你都不谅解呀，你选择你愿意做哪样事情，我给你两个事情。那个时候一个叫刘黑七的土匪闹得很厉害，他说，一个（是）你去打刘黑七，一个是你去打共产党。

那时候还没给我派职务呢，当时汪精卫的意思是，就让我当京沪卫戍司令，我自己讲良心话我愿意当京沪卫戍司令，头一样就是可以到上海玩玩什么的，不想再干别的，同时我也跟蒋先生说明白了，但是蒋先生他不答应。

这个大概一般人不明白，东北军是我的包袱。我当时跟蒋先生说，我不想带东北军了，所以（要是）我当了京沪卫戍司令，就不能带东北军了，我想不带兵了，不干了，那是个包袱呀，这个包袱始终是我脱不掉的包袱。到最后，还是缘于这个包袱。

一般东北军人就是责怪我这句话：你跟蒋先生是这样的关系，我们是跟你来的，我们现在怎么办？无家可归，无处可去，中央也不要我们，打死了也不能领抚恤金，军令部的规定领抚恤金，都是回本乡本土的去领，那我们都回到东北去领？这事儿不讲理了吧。

所以，我这个包袱没法抖了，你明白我的意思？当时我自己是国难家仇，这东北真是我的包袱。后来戴笠跟我讲一句话，当年我们都不谅解你说这句话，说东北军是你的包袱，现在我们也有包袱了，也是一样的，我这些部下怎么办？

7. 墨索里尼小姐

这个端纳[1]呵，那个杨宇霆的死也有他的关系，他告密，杨宇霆拉他告密。

他本来是《泰晤士报》的记者，后来在北京办了一个什么玩意，他是北京的顾问。后来我到奉天去，就把他带回奉天当顾问，是我私人的顾问，并不是公家的。私人的顾问没法子给钱，我就让他办这个、办那个，给他弄两个钱儿。当年我有这么两个英国私人顾问，都是这样开支的。为什么要我私人出钱？原因是这样的，我要是政府请他们当顾问，日本人就会也有要求当顾问，那么这是我私人的顾问，我私人拿钱，就好推了。

端纳后来写过一个东西。听说有人把它买去了，我觉得恐怕不可能。有人说是在一个外国人手里头。这个东西他买去他就要发表出来了，要卖钱呐，所以说不大可能是买去的。

---

[1] 威廉·端纳，澳大利亚人，曾先后担任过孙中山、张学良和蒋介石夫妇的私人顾问。

还有个人,叫什么来的,他的公司就在我嘴边我说不上来,他的公司现在还有呢。原来他这个公司在奉天的时候,大概是做进出口的这种生意,在外国买卖中国的东西这个样子,叫什么来的这个公司,我说不出来,这个人好像姓李,也是很有名的一个人物。

我的烟瘾和我的这个大夫有关系,我犯了鸦片烟瘾,他就打一针解药。问题就在这儿,开始一天就打一针两针就行了,后来越打越多。烟瘾发作是什么感觉啊,难受啊!我那时候用句土话说,是活人叫死东西给管着。你要不能跟它应付完了,那你什么都做不了。

戒烟要靠很大的毅力。我跟你说,不是我吹,一个人如果能把这烟戒了,那这个人就了不得!

我跟你说,烟瘾一犯,难受得像什么似的,那肉就好像没皮肤一样,就好像烫了以后没有皮肤一样。尿尿、大小便都不敢坐,烫得难受。那滋味呀!

这个人是外国人,德国(裔)的美国人,名叫米勒。他给我打一种药,我连着三天处于昏迷状态,什么都不知道。[1] 要是中国医生,就不敢那么做。这个人他对我很好。他胆大。我那个部下跟他说,你要是把他治死了,我可救不了你,你的命可就没了!

---

[1] 戒毒一事,时间为1933年3月,张学良辞职后即飞往上海,戒毒即在此时。下面说的出国去欧洲,也是在这一年,回国时间是1934年1月。

这事是这样的,早先在奉天时代,米勒是孔祥熙认识的朋友,我不认识他。他到奉天为他的医院募捐。我就帮上他点儿忙,捐了十万块钱。后来他用募捐的十万块在奉天建了一个小疗养院。后来,他又在汉口也搞了一个疗养院,我又捐了十万块钱。替老先生捐的这二十万块钱。这样,我跟米勒也算是相当好的朋友了。

不过,他后来写了一本书,说了好多话,其中有一些不应该说的话。

我跟墨索里尼小姐(墨索里尼的女儿),我俩是好朋友。

她的先生,就是齐亚诺,在中国当公使,后来叫墨索里尼给枪决了。

那时,我正是北方负责人,她到北京来,我招呼她、招待她,就这样认识的。我陪她出去玩玩,到处看看,吃吃饭,就这样。

当时没其他特殊关系,我也没想到她会喜欢上我。

是这样子,她有一个秘书,是一个女的,一个意大利小姐,这个小姐告诉我,我才知道。不过她真是对我很好。临走她告诉我两句话,那时候我有嗜好(烟瘾)。她说,我希望你呀,把嗜好戒掉,积极抗日。就这两句话。

这个秘书小姐后来告诉我,她说,你这个人呐,简直是不同凡人!

她走的时候,我派我的车送她到天津口。后去上海的时候,秘书小姐说她在车上大哭一场,我说她哭什么?她说哭你不理她,你怎么一点也不理会她,她喜欢上你了。我说她喜欢上我有什么用呢?她说她是真的,你不理她,她难过了,大哭呀。

我和她是属于应酬招待,都是一种礼貌上的,人家说了我才知道的,那么这是一段。

后来我辞退,也到了上海,去戒针的时候见到她。给我戒针的美国大夫米勒告诉我说,每天早晨都有一个外国女的打电话来,问你的情况,问你戒针怎么样,身体好不好。哦,我一想,一定是她——墨索里尼小姐。

所以,我后来就跟她到意大利去了,她也是拿专车把我接去的。到了意大利,后来就待不了了,人家那么客气,对我那样好,所以,后来我就走开了。

我和她没有关系,完全是好朋友。我对她客气得很。

墨索里尼对我很好,我见过墨索里尼几次,我认为墨索里尼说的话也是好话。

我到那儿去,他也知道我身上多少是带着任务的,他认为我有政治活动。他跟我讲,你到欧洲来是没有用的,现在欧洲自顾不暇呀。中国要想对付日本,意大利一点力量也没有,我们没有这个力量。能对付日本的,只有美国,英法都自顾不暇呀。

墨索里尼说得也对。

后来墨索里尼就非常地（发）火，为什么火了呢？我可惜了当时的那些信件，因为国联制裁意大利的时候，中国是一腔没发，同意完全制裁。他说，我意大利对你们中国这么好，你们还这样对我，非常气！回去大骂我，我说我不负政治上的责任。

8．胡汉民

胡汉民没有反对我，他不是反对，他当年有误会。

我到南京的时候，蒋先生对我非常客气，那我是国民政府的委员，我的秘书长是给了考试院长。

他当时是这样说的，他说，蒋先生，你不应该这样子，好像是拿名气给人家，你好好地，他是年青人呐，你好好地待他。

说起来，胡汉民这人相当正派，胡汉民这人呐！

我给你讲胡汉民这一段儿。

我在国外回来的时候呀，经过香港，他的意思是要把我留在香港，他派胡木兰，他女儿，到船上接我，接我去见他。有他，还有一个叫萧福成的。

在那儿，他就劝我，不让我回到南京，我没答应。他说，你这时候好好玩玩，到广东、广西去玩玩，好不好？意思意思。我说，我已经跟蒋先生约好了，我一定回到南京去，我到南京看一看再说。

他跟我讲啊,他说汪精卫啊,他骂汪先生。他骂汪精卫骂得比咱们好,这老头说的话!他说当年呐,在总理面前是我们两个人,一个是汪精卫,一个是他。他说,总理总是派汪精卫到外头办外交,派他做这些事。干这些事都得说假话呀,不能说真话,他说汪精卫习惯了,跟谁都说假话。对谁都假。他说我老待在总理面前,是什么话都敢讲,什么话都说。总理也原谅我,我什么话都说,我也说惯了。

乱饯饯说实话,得,惹祸了,再说实话就惹祸了。他那意思就是骂蒋先生。

很有意思的一句话,一个是汪精卫说假话,一个是我说实话,而说实话的,得罪总理呀。也就是说什么总理(都)不在乎,好听不好听的都不管,他说我说惯了,再说就说错了。很有意思。

"四维学会"是这么回事情,那个时候我这个人的思想变得也很快,我在欧洲回来了,就主张唯一领袖。那时候的蓝衣社不是我,后来老先生答应了,让我做这个学会,就叫四维学会。

"四维学会"里头有一部分是我的人,一部分是老先生的人。那现在还剩下谁了?邓文仪是,刘健群死了,好像还有个姓刘的,现在活(着)的,还有袁守谦,现在还在的,大概就剩他们几个了。里头最热心的有个叫什么乔,现在这个人也没有了,死掉了。

学会后来没有多少日子就散了。

第六章 "九一八"与西安事变

> 我真怒了,所以我才会有"西安事变"。我怒了什么呢?我的意思是这么一句话:你这个老头子,我要教训教训你!
>
> ——张学良

1. 要还，就把东三省还国家[1]

我现在要有几点声明，你记一下，我都记住了，没写下来，就搁我脑袋记着来的，本来我想写的，我不写了，你知道我写东西非常费事。你预备好了，我这两天觉没睡好，脑筋不太清。

第一个，说我的二伯父是当土匪被杀的，我跟你讲过这段故事吗？他不是被杀的，所谓土匪，就是因为我的二伯父去报仇去，后来是被判了十年刑，我不知道那个时候前清的规矩是怎么样，说是坐狱，他并没去坐狱，是我二伯父的二伯父，就是我的二爷，替他坐狱了，后来那个人就死在狱里了。我不知道前清是可以有人替坐狱的，这个我不知道，我不懂。

我的二伯父后来就当了地方的保卫团，我们叫保卫团，是保卫团的团总。他去剿匪的时候，打仗阵亡的，他死的时候我还去了。他是阵亡的，打死的，我还看他的伤了，一枪从这打

---

[1] 此节是张氏针对某本写他的书上的不实内容，所作的声明。

进去,从这出来。他弯着腰,自个拎着枪,那土匪拿枪打过来的。那一仗里死了三个人,还有另外两个人也被打死了。他叫张作孚。这是第一个声明。

第二个声明,这个我更是要重要声明,它那上面讲呀,不过后来它也讲了一点点,讲我回到东北,有很多的为难,就说张作相跟我有竞争的意思。没这个事情,不但没有,这个地方我还要特别声明。

我本人起来,并不是我父亲帮的,当然我父亲要扶持我了,那上面说我是我父亲提起来的,我不是的。完全是张作相把我提拔起来的,完全是他一手把我提起来的,我跟你简单说,我的提起来的原因是什么原因呢?张作相这个人对我父亲啊,比我自己对我父亲都好。我看见我父亲对他呀,有时候我都毛骨悚然,那随便就骂呀。他都已经当师长了,随便就骂他,他也就是那么恭恭敬敬在那儿等着。

我讲我的历史了,与别的无关呀。

我在讲武堂呀,并不是我有多大能力,实在是那时候讲武堂里都是行武的人,尤其我进去以后也是很努力,因为我这人怕将,将这句话你懂不懂?怕激将,没进讲武堂以前,我父亲就说,你算了算了,你别进,你别进,别给我丢脸,你别干了一半下来,你在讲武堂受不了。他也不是激将,也是实在话。

我年轻的时候身体很不好,进讲武堂以后身体才好的,那么我进了讲武堂就很用功,那么我头一期头一个月考,我就考第一,那第二个月考,我又考个第一,第三个季考的时候,我又考了第一。不过第三个月考的时候,我没考第一,季考,一季一季考,我又考第一。

那么就在学校里闹了风头了,学生就说教官是看我是大帅的少爷啊。

某一天,我们堂上的教育长叫熙洽[1],你知道熙洽是谁?他是保皇党的,不过熙洽这个人很厉害的,他是张作相的人。张作相当团长时候,他就是张作相的团副,我们叫团副,现在叫副团长,当年叫团副,他是从日本回来的。当年那时候团副大多数都是像教练官一样,训练军队。

这个教育长那天忽然上堂来了,就到堂上把座位都给我们调了,调完了就当堂出了四个题,四道题就是和步、马、炮、工有关的四种题。讲武堂是两堂,我们这个讲堂的人,全堂的人就我一个把这四个题给答上来了。那么教育长就把这个题当堂拿出来给学生看,说我绝不作弊,他不知道我出的题呀,你看你们谁也没答对、没答全呀。

因此,我在讲武堂就差不多露头角了、出名了,就因为这件事情。那么这件事情就传到张作相的耳朵里去了,张作相看见我就讲了句话,是我们奉天话:有出息呀!

我那时候年轻,才十九岁,并不顾虑一切,后来我才知道他存心了,他就存心要提拔我。简单地说,所以没出讲武堂,

---

[1]熙洽,1883—1950年,爱新觉罗氏,1932年曾出任伪满洲国财政总长等职。

我就当团长了。那时候张作相是27师师长兼卫队旅旅长，是我父亲的总参议，他有这么三个职位。那这个卫队旅旅长，他就没辞掉，所以他就把这个第2卫队旅的第2团团长的任命给我了，那时我还没出学校呢。原来的这个团长，他把他调到旁的当团长去了，就让我做这个团长。

所以我说我是一手受他提拔的，不是老帅，我进讲武堂的名义，是因为我是我父亲卫队营的营长，那时候我父亲答应我的，你要好好干，我给你卫队营营长（做）。那么我在讲武堂当学生，实际上已经是卫队营长的名义，因为我们那时候都是调去的军官。

那么我就当他的团长，实际他那意思就是让我当他的旅长，我当时是不知道，不明白。我那个团长还没就任，还在学校，他那旅里头有什么事，都让人来问我。我那时候年轻，你问我，我就答应呀。参谋长出缺了，他把参谋长也调走了，副团长出缺了，你推荐个人吧，我就推荐。

事实他就是预备我当旅长，我自己当时不知道呀，你要问我，我就说呗，旅里有事就问我。那我出来了，就任团长，就任也没几个月，他就让我给他代理旅长，他有好多缺呀，他让我去代那我就代，我给他差不多代了五年也不六年，我才真正当了旅长了。我就说是他提拔我。

那以后，中间的我不说了，他当了吉林督军，他就保我当27师师长。

到我父亲死的时候，我能接管奉天，那实实在在是因为他，我父亲的事情，我可以担任一部分呀。

那么在奉天、在那个大的会议场合，我跟你讲过这段没讲过？这段很有意思的。

我父亲死后，我回到奉天，奉天不光是军人呀、政治呀什么什么与会的人，还有地方的人物，大家开很大的大会，奉天那时候还未跟中央接触呢，开会就是决定谁来做东三省保安司令，也就是奉天的首领了，那当然应该是张作相。

张作相再三在会场上说，我一讲到这，有时候我就想掉眼泪，他讲呀，他说大元帅要是好好地去掉，就是好好死掉，那我一定接他的事，那他现在是这样的遭遇呀，那我一定要你继承他的事业。他那意思，是说我父亲要是好好地死，好好的事情我做，我当然就做，那么现在既然是这样的遭遇，那绝对让儿子上来。所以我一说到这里，我心里就很难过。

当着众人的面，他说汉卿，你心里不要多想，不要，我怎么样服从大元帅，我就怎么样服从你。那他是我长官啊，他一直是我长官。但是他也说明白了，他说你要不好好做呀，你要不好好干，我到屋子里我拎着你耳朵我打你耳光子。我们奉天都讲感情，所以我很难呀，他不但没有争，整个是他把我推上去、推出来。后来大家都通过了。

我当年是有点为难，为难什么呢？他们都是我的老前辈了，尤其他是我的长官，那我有事情更是不能如意地做呀。当然我有重要的事情，我要征求他的意见，那有时候他的意思跟我不一样，我就得为难了。他们是一种很保守的老人呀，那这个事情是有的，但是没有争这个事情，那是没有的。有顾虑当然是有的，这是一个张作相的问题。

我在东北的家产都扔给日本人了，我给你讲过这事儿没有？你要知道我在东北的家产有多大？我没讲过，我在那个时候的钱，虽然不能说称亿吧，反正我有五六千万家产。日本人把我的家产都要还我呀，"九一八"以后要还我呀，他们弄了三列火车把我的东西都送来了，我那画都很值钱呀。我跟本庄繁[1]是好朋友，很好的朋友，我上日本也是他陪我去的。他给我写封信，说你那东西是我花钱给你包上的，都包得很好，三列火车，送到北京正阳门外车站。

他还派来一个人，还写封信给我。我大火呀，我说你这是在羞辱我呀，我是地方长官呀，我决不拿我自己东西，要还，你把东三省还国家！这些东西，原来在我家里怎么摆的，你给我照样摆好，我自己会拿回来。可是你要不给我拿回去呀，我可给你个羞辱，别说面子上不好，我全放火烧了，我就在这烧了，那时候你的脸上就不好看了，你赶快照样都拿回去。

我的家产怎么样呢，大仓跟我家过去有关系的，我的姐姐跟姐夫去日本都是大仓照顾的，大仓说你把家产托付给我，我给你管理。我说我跟你是朋友，但今天我跟你日本人是敌人。

---

[1] 本庄繁，日本军人，曾任张作霖的军事顾问。1931年8月起任日本关东军司令官，日本投降后自杀。

我就是这么倔强的一个人,因为这个,我的家里亲戚包括父母都骂我说,你这个小子。

我把我那个堂弟枪毙了,他跟日本人勾结。当然抓到证据呀,我没证据怎么能枪毙他?日本人给他枪,还给他招兵买马。他这些事都是在我的家乡做的,"九一八"事变了,我虽然不在东北,但我东北还有人呀,把他枪决是我派去的人把他打死的。

这个本庄繁啊,我到日本去的时候,是他跟我去的,我们俩相当地好。"九一八"事变,本庄繁他把我的私人的东西装了三列火车给我送走了,写一封信,送到北平,打发个人给我写了封信。我火了就因为这封信,他说我打发来的这个人呐,是我很接近的,否则我就不会派他去了。咱俩是私人的关系,你的东西我送还给你了。

我火就火在这儿,我说我是封疆大吏,我将疆土丢掉了,你送还我的东西,你是给我羞丑,我的东西照样给我拿回去,原来摆在哪儿你给我摆在哪儿。他自个儿想,你看我花六千块钱呐,用我私人的钱,我个人的钱给你做包裹,给你送来的。我说你呀,我原来怎么摆的你给我怎么摆,我自己会拿。你要还我,首先你要还我土地,我的土地你还给我,我是封疆大吏,你这样是羞辱我。

他说不拿,我跟那个人说你不拿,我可跟你毫不客气啊,你别说到那个时候,你给本庄繁丢脸。我就有点火了,那时候在北京的正阳门外火车站,我说我放火都烧了,我说我给你丢脸，不是要跟你作对，是给你丢脸。

这样就又拉回去了，他就都拍卖了。所以外头现在有好多东西，都是他给我拍卖出来的。都是我的东西，还有我私人的画，最要紧的是我的画，那些画差不多有几千件。那个东西呀，我看过别人有一两件，我才知道他拍卖了，不过他声明了，他给我拍卖了。那都是我的家产呐。

我家啊，原来跟日本的大仓有来往、很好的。等到"九一八"事变，大仓就出来跟我说，你把你的家财，可以托付给我，我给你代为保管。我说你别客气，我跟你毫不客气，（以前）我们是朋友，但今天我们是敌人，我说你愿意拿你就拿，没关系。

我跟你讲一个故事，有一个人，也是我的部下，这个人已经死掉了，他很可怜呐。他本来是我部下，我临出国的时候，我托付我的部下关照他，那时候他跟我当中校，我本来很想提拔他。那我可以说这个人是谁，吴俊升你晓得吧？是吴俊升的儿子，也是我在讲武堂的学生。我就想提拔他。

等我回来，他就没有了，他不干了，不做了。我就心里很不高兴，我就说我的部下，是不是你们对他做啥了，有对不起的事情？他们说，副司令，你得当面问他自己了，我们没干啥。

那么我到汉口的时候，我就让他来，就想问问他。

他就很奇怪，一天晚上来的。很奇怪，来了我就心里奇怪，怎么白天不来晚上来呢？我问他，我说是不是他们对你有什么？没有那你怎么就走了？他不肯说。我就问他为什么，我说你就说么，你跟我讲么。他跟我讲啊，他说是这样，日本人把他的财产都还给他了，把他在东北的财产都还给他了，但有一个条件，不能再做中国的事情，不能给中国政府做事情。

我说那好了，我说你今天出去，从今以后我不许你进我的门，我不认识你这个人。你从今以后你不要再上我的门。我也告诉你，你来了我也不见你。你就因为这么点儿钱，你就不做中国人了？就因为你这么点儿钱呐？我说我没想到你是这么一个人。

这个人真是可惜了，他趁（挣）的钱、他的家产比我大，奉天他家是第一。他死的时候，一个铜板都没有，我说当然了。死的时候十块钱他都没有，穷死了，你能想象吗？

他父亲是黑龙江督军，那时候，在奉天也就像这个时候，要办一个事情，他捐点儿地，你别说他旁的，就是这个，就是他捐点地，这地就有两个火车站那么大。

东北地方大，讲地都论畹讲，十亩一畹，一方是多少呢？一方是三十畹，三十畹就是三百亩。他家大概有五万方。

为什么地方大，为什么？我就讲这个历史，你才能明白。

我们那时候的大家——就是国家也有相当的地呀。——都是蒙古人的，蒙古的王府（爷）、蒙古人，他自己把家里的地呀，开放卖。本来那个地方，都是蒙古人的地方，他那王爷把地划出一部分，来卖。他拿一半钱，我们政府拿一半钱。那么他一卖那就是卖好大一片呀。奉天好几个县呐，一卖就出来两个三个新县呐，两个三个县治呀。

2. 我的事情就是到 36 岁

人呀，失败成功不知道，了不起的人一样会有失败，我的一生是失败的，为什么？一事无成两鬓斑。

我不是谦虚，我自己知道。我自己做的一首诗：白发催人老，虚名误人深。主恩天高厚，世事如浮云。张岳公（张群）他总骂我，说这首诗最没意思。

如果我这一生重新来过？我九十岁了，还来什么？明年兴许就完蛋了。

我给我自己下了一个考语，最近有个好朋友见我，我就跟他说一句，我说你不要再说那个话了，英雄？什么英雄，泄了气的英雄了！

现在我自个儿想我自个儿，可以说我失败。

我年轻时候，做事完全凭我自己，我也没有跟人商量，有时候很大很大的事，有一两次我是跟王树翰商量。我对他还相当的信任，他是我的秘书长，这个人对我也很负责。我从来没跟谁计较过，全凭我自己。

现在想我自己做的那些事情，我年轻时就是骄傲了。怎么骄傲？经过几次大事，郭松龄倒戈，郭松龄倒戈是个很难度过的事情；我父亲的死，是我最难度过的。这都是大事，内忧外患，我都给对付了，那我也度过了。后来跟中央的合作，这些事我都做了，我都度过了这些难关，因此，我自己得意得很。那时候蒋先生差不多等于把北方势力完全交给我了。我常常自个儿说，翻手作云，覆手作雨，差不多三分天下，不能说有其二，有其一了。北方都交给我了，管理那么些个省，我那时候才二十八九岁呀。

所以，我自己现在想起来，是我自己骄傲了，我没跟人家考虑好了。我从来不像人家，考虑将来这个事情怎么地，我不考虑，我就认为这个事情我当做，我就做！我就跟你说句话，我有决心的时候，都是这样决定的：我是不是有私心在里头？我是不是为我自己利益？我是不是问心无愧？好了，没有！我问心无愧，我没有私心！我敢跟你说，我做那件事情（西安事变）没有私人利益在里头，我没混过与我自己地位、利益有关的东西，我没有！假设我自个要地位、利益，我就没有西安事变。我跟你说，我大权在握，富贵在手，我什么都不要，所以蒋先生也能原谅我。我是管蒋先生要钱，还是管他要过地盘？我没有！

我牺牲我自己，为什么？我第一个问题就是不要打了！

蒋先生是原谅我了，不原谅我，他不把我枪毙呀？我到南京是预备被枪毙的，我是应该被处死刑的，我是个军人，我懂得。我也带兵，也带过部下。假设我的部下这样，我就把他枪毙了。

到南京，我真是都准备好，预备死！我这个人就是这么一个人呀，我不在乎的，真是不在乎！就是今天我还敢说这句话，当你面说，假如国家要用（得）着我，虽然九十岁了，我赴汤蹈火我不推辞！好事我不干，假设那个事没人能干，没人敢干，我今天虽然九十了，我还是想。可是为私人事情，我也不帮谁私人忙，也不帮谁，我就是过去，我也不是帮蒋先生忙，也不是帮谁私人的忙，我完全是问心无愧！

西安事变的时候，（有人）说我放了蒋公是为了给蒋夫人一个生日礼物。

到南京的时候，那我真决心去死啊，南京把我枪决了，我不敢说；要是我部下这样子，我就把他枪决了。那我对老先生，我要负起责任呐，可以说，大部分的决心我是下定要死了。

他不在了，现在我讲，否则，我不讲。本来我是决心至死不说出来这个事情的，西安这事，至死我不说出去的，不是因为面子的事情。你问我，我不能不说。

别人说"扩大会议"的时候，我是帮蒋先生的忙。不是！是我的主张，我认为他那么做是不对的。

我跟蒋先生两个冲突，没旁的冲突，就是冲突这两句话，就是两句：他是要"安内攘外"，我是要"攘外安内"。我们两个冲突就是冲突这点，没有旁的冲突，一点冲突没有，旁的没有冲突。

所以呀，蒋先生的那个秘书，叫汪日章，他说，我从来没听见有人敢跟他这样子吵的！

我跟蒋先生是痛陈呐，蒋先生也骂我，骂得很厉害的！我说，这样下去，你就等于投降呀。蒋先生说，汉卿呀，你真是，你无耻，咱们军人从来没有"降"这个字。我说，你这样做比投降还厉害，不战而屈人之兵，上策也。你这样子叫人家不战就把我们中国一点点吞去，你不等于比投降还不如？

蒋先生大骂我呀，我跟他这样吵呀，蒋先生当时看我的情形很怪，后来也很安慰我几句。

还有蒋先生几句话，现在他已经不在了，（否则）我不愿意说出来。他一句话把我激怒了，我真怒了，就因为学生运动时候，我不好意思再说他了，因为我真是气呀，他说用机关枪打，我说机关枪不去打日本人，怎么能打学生？我火了，我真火了，所以这句话把我激怒了。

我这个人是这样子，你别看我太太跟我这么凶，她可是怕我发火，我要是发了火，我谁也不怕的，我发火会开枪打人的。我真怒了，所以我才会有西安事变。我怒了什么呢？我的意思是这么一句话：你这个老头子，我要教训教训你！

我现在已经九十岁了，我就是这么一个人。我最近我自己发现一个事儿，我的事情是到三十六岁，以后就没有了，真是三十六岁，从二十一岁到三十六岁，这就是我的生命。

蒋公这个人，我认为他失败了。

蒋先生这个人，我跟你讲，我不愿意批评他。蒋先生这个人很顽固，很守旧的，太守旧了！这么讲吧，我搁这么一句话批评他，假设能做皇帝，他就做皇帝了。就这么一句话。他认为我说的事都是对的，我做的事情就应该是对的，他就剩个派头。

说实在的，蒋先生对我，我暗中想，他对我也相当看得起。觉得我有种？这话倒不敢说，他不能容忍人家挑战他的权威，我损害了他的尊严。

但是，我到了南京的时候，我也说这句话，我当时在西安，我也说过这个话，不晓得西安现在还有人在不在，不过最近死了一个人，还有我的处长都在那儿。我当时就说，好像灯泡，我暂时把它关一下，我给它擦一擦，我再给它开开，让它更亮。实际上我这样做，他不是更亮了？

我到南京，他们问我，你为什么你要自己来送。我说说句不客气的话，我说那是个泥菩萨呀，所谓首领就是个泥菩萨呀，我把那泥菩萨已经扳倒了，那我只好把这个泥菩萨扶起来。它有灵，拿（它）我脑袋疼，不能不给他磕头呀。

到南京，我一样是请罪，（再）一样我也是让他维护权威，既然这样答应了。

那蒋先生也真是说到做到，当时我没跟他讲，现在我可以说，他后来也真是做到了，他没说假话：我不剿共，我不剿共，跟共产党合作。

这是他亲自跟我讲的。不是我当时听到,我绝不说这话。现在事情已经过去了,他不愿意我把这个事情说出来,但这个事情,我现在都可以直截了当说的。

我是跟周恩来见面了,我跟你说,中国现代人物,我最佩服是周恩来,我最佩服他。

这个人,我们俩一见面,他一句话就把我刺透了,他也相当佩服我,你看周恩来说没?可以说我们俩一见面,我当时我答应周恩来了。周恩来说,如果你能够做保证,那我们共产党呀可以放弃掉这些个事情,我们很希望这样,你能领导,我们更愿意。我说我去说服。我自个太自骄了,我说我去说服蒋先生,我可能把他说服了,我负责任,我说我给你保证,如果你们这个条件是真的,都是这样,不变。他说好。

我说这样子,我跟蒋先生去说说,我这方面我负责任,你那说的话可算话,大家说话说了算。那也许我上了他们的当也不一定,这话别这么讲,但是周恩来我们俩说得很确实,他说,如果你真能做到这,我们立刻执行计划。不过,他说,他要求两个条件:一个,把陕北这个地方还给我们留着,让我们的后方家眷在这儿待着;一个,你不要把我们共产党给消灭。这是两个条件,其余那我们一切都服从中央,军队也交给中央改编。我们当时订的是这样计划。

那么后来等抗战时候,我跟蒋先生还请求带兵呢,蒋先生的秘书长跟我讲,他说那就是蒋先生怕你呀,你知道那是拿你当个灵芝啊,当个宝贝,这边拿着你,那边也拿着你,怕你跑到那边去。

那个时候我们想这样，说好了，阎锡山、东北军、共产党都联合，三方面军队这么摆着，作战的时候这么摆着，我们绝对跟你，服从你指挥，跟你作战、合作，都说好了。

我为什么跑到阎锡山那儿去呢？西安事变之前，那时候，我已经跟共产党有联系。我就说中央呀——现在事情已经过去了，我说出来我也不怕了，中央糊里糊涂，他就不知道我跟共产党已经有联系了。和戴（笠）先生我们头一次见面，他说我真没想到你会这样，我说你那些特务净做些扯淡的事，你"特务"不了了。

阎锡山这个家伙是老谋深算的，他没有什么感情，讲什么同情不同情的。

有人说，西安事变，阎锡山拍了一个电报寄给我，电报里面说叫我杀掉蒋介石。我没收过这种电报，我不知道，换句话说，我记得没这事，反正我没看到。

我那个时候，你知道西安事变以后，那时候我忙得了不得，应付着各方面的事情，我差不多都好几天晚上没睡觉，连睡觉的时间都没有了，四面八方的。

所以后来回到洛阳，我就倒头睡觉了，累得很，太困了。

还有人说阎锡山扯我的后腿，我很生气，好像本来是大家相同的，后来又怪我不对。这事儿我不知道，那政治这个事是不一定的，他自个要留个地步，不能那么讲，明白吗？说这话是不懂这个政治。

还有，我告诉你，我还晓得，什么事都得想揭穿了！

钱大钧，好是好，但是他继续做我的参谋长，就不会有西安事变，（则）这个话不能那么说。晏道刚也不是喜欢不喜欢，钱大钧也不是喜欢不喜欢的问题。简单说，我那个参谋长，就是蒋先生派来的一个间谍一样，这个晏道刚是一个好人，是一个老实人，钱大钧比他油条。

所以蒋先生对晏道刚很气，他（晏）并没事前发现我的事情，那事儿他没留心，他虽然在这儿也不知道，换句话说，他也没有那么注意，他没那么多心，就说，他是老实人么。

那特务就净胡扯淡，正经事儿他也不知道。CC里做的更糟糕，后来他们那些个玩意儿我都看见了，胡说八道，根本没那回事情，他报告的事情都没有那回事情，那报告的什么玩意儿？根本花那个钱那真冤枉透了。

所以说，那个时候中央就吃这亏吃大了，所以对各省都没好感，对哪个省都没好感的原因，就是他们（特务）在里头搞的，中央就信那套，其实人家并没那个事儿。

我这人用人就不同了，我管东三省，我从来不干那些事，我做事儿我要疑了你，我就不用你，我用你，我就把全权给你。我向来这样做事。

所以人啊，我这个基督徒，你怎么待人，人也怎么还你，那孟子说的话一点不错：君之视臣如草芥，臣之视君如寇仇。你怎么待人家，人家也怎么待你，你用这法待人，人家开始不知道，慢慢知道了，嗯！人么，当然人家也是人。

我现在九十岁，你记住我的话，尤其是年轻人，做事情，我告诉你要紧的两句话：问心无愧。也许我错了，但是我会听。我对你们真心。

张学思抗战的时候（1937年）到溪口去看我，他本来是黄埔的学生，是蒋先生的学生，黄埔十一期的。

那次是这样，不是谈话，那时候我身边都有特务。那谈话也没谈正经事，他谈他是共产党。我看书，他说你不要看那些没用的书，那不是正经书。那个时候，他很厉害，他说明他是共产党，他在学校就是，就搞。所以我说，国民党过去是大失败，他们同学好多是共产党。他在军官学校的时候他就是共产党，他们叫CP（Communist Party）呀还是什么CY。

他毕业的时候，本来我是把他推荐到胡宗南的军队，那么他是没去，他没去，就跑到东北军去了。他大概上东北军要搞什么，后来他在里头鼓捣得很厉害，东北军后来有好多都跑到共产党那边去了。比如现在那个最厉害的吕正操、万毅。

张学思后来被害死了，就说他是东北帮的首领，那时候就是这个"四人帮"说他是东北帮，就是因为这个。

在我的兄弟之中，我最喜欢这个弟弟，你要知道，我从前说过这句话，我宁给好汉牵马坠镫，我不给懒汉当祖宗。你懂我这句话？我这个弟弟有骨头，有骨气。我那二弟弟我骂他色大胆小。这个家伙真有骨气，我的弟弟之中他最有骨气。

他不但是骂我，我那个三弟，就是他三哥，他俩是同母的，我的三弟在北戴河喜欢一个女人，是一个中国一半外国一半（的混血女人）。你说那个时候找外国人啊，我母亲就非常地气，我的第四个母亲，我父亲的第四个太太，生他们两个兄弟的，就拿鞭子打他，让他跪下，打我这三弟弟，大打一顿。我的四弟弟在那块儿看，等两人回去了，我三弟弟就哭，就骂我这四弟弟，说你没手足之情，妈妈那么打我，你就不说一句？你不讲情呵，你连一句话都没讲，那么打我呀，你在旁边一句话都不讲。他说我不讲话更好，怎么的呢？我要讲的话，我就让她再打你。

这个骨气的家伙，本来我预备让他在海军、在东北做，他很喜欢海军，他凫水凫得很好。

第七章 余生：英雄坐老

> 我给我自己下了一个考语。最近有个好朋友见我，我就跟他说一句，我说你不要再说那个话了，英雄？什么英雄，泄了气的英雄了！
>
> ——张学良

1."忏悔录"风波

"忏悔录"啊,这个我要说啊,我要说秘密了啊,我宣布我没有写过那个东西。

怎么一个事情呢?

蒋先生,他要写《苏俄在中国》这本书,他要写这样一个东西,这个事情后来不是闹得很厉害吗?你知道这段故事了?为了写这个东西,蒋先生跟我讲,说西安事变到底是怎么回事?因为他要写书,他问,到底是怎么搞的这个事情?

那么我就回了他一封信,不过那个文字呢,这个千万别说,不过,现在是不在乎了,我告诉你,文字的前头稍微改了一点儿,后头那都是我写的。

那前头是怎么换的?他老先生看见这篇东西,很得意、很高兴。我在信的开头怎么说的?现在这信我还保存着呢。我的信稿呀,一开头说西安这个事情,我是决心至死闭口不言的,我跟什么人我也是闭口不言,我不说,但是你问我了,那我竭诚相告。一开头就是这个,那底下接下来,就说我个人怎么怎么的了。就这个前头,他把这段去掉了。

谁去掉的呢?大概这是(蒋)经国干的事。他去掉了,就把这玩意儿送回来了,他把前头改了,加了一点儿,那么也没说这玩意是我的"忏悔录"。

他要干什么呢?把这个东西发表呀,给这个政治部看。

那么这个东西,后来也不晓得是什么人呐,我到现在我也不知道,反正是政治部的人干的,所以后来闹得好多人给撤差了。[1]

我并不是像外头说的那样,说我跟老先生有误会,不是这样的。

这个东西一发表呀,题目写的是《西安事变忏悔录》,底下署名张学良。假设他要不写这个名字,要是写《张学良忏悔录》呀,那我也不吱声;他写"忏悔录",(署名)张学良,好像我自己发表出来的一样,你明白?所以我就把这个问题给老先生送去了,送去的理由就是,我并不是说我反对,不要误会,我并没发表这个东西啊。我就这么给老先生写的。

蒋先生火了,怎么翻案的,我就不知道了。

我跟蒋先生常常在一起,还常常通信,实际上他常常来信。

---

[1] 1955年,按照蒋介石的要求,张学良开始写西安事变回忆录。之后蒋将回忆录转给蒋经国,再后台湾《希望》杂志将其全文刊登,由此引发出一场风波。蒋介石为此大为恼火,责问蒋经国,《希望》杂志因此停刊,相关人员受处分。

我就声明啊！不是为旁的，我声明这东西不是我发表的。我的意思是说，你别认为好像我发表了什么东西似的，我可没搞这个东西。

那个发表的人糊涂，他要不写那个题目，要是写《张学良忏悔录》，我不吱声。他写《西安事变忏悔录》，这底下张学良的名字明明白白地署了，所以，我说这不是我发表的呀，我没发表这个东西呀，什么人发表的我不知道啊，在哪儿出来的我不知道。我就给老先生送去了。

那个蒋先生，后来把我麻烦死了。

他后来看看我写的那个，他说你很会写东西嘛，你写嘛，要我还写。他说你把过去的事情都写一写嘛，我就不愿意写。他说你把过去的问题，北洋的事件、北洋这些个人，都可以写写么，没事情嘛，你写点东西。

他让我写。

我也懒得写，为什么？我懒得写！

这写东西啊，不像搁嘴跟你说。你要写到纸上，就得像个玩意儿似的。让我写东西，拿枪杆的让他拿笔杆，那不等于赶鸭子上架么？所以，我就不怎么愿意写，我稍微写了点，后来就不写了。

你知道写文章这东西，不但因为那个原因，而且我又没有参考材料，明白？你想，咱俩一说，这年月就不对，而且人也不对了，那件事不是那个人干的，那个事儿是那个人的，我常常给弄错了，张冠李戴了。

还有，我最怕的，你一想写东西，就得回想。你像我写西安事变，这我倒很容易写，那过去的事情很简单。那假如让我写过去的事情，就说写我父亲的死，我就得回想啊。简单地说吧，你要问的问题有好多，比如说，郭松龄他为什么事变的？这前因后果怎么一个事情？那我都要想啊。那我伤心的事儿，我自个儿痛苦的事情都想起来了。

那个"忏悔录"，写的那封信，我没拿回来。我不知道，大概是谁把那信给改了。信头改了，让我拿回来，我就重新给他写一回，我重新写。但是拿回去，那信给发表了。至于结果如何呢？那就是这么个事情！大家谁都不知道这个事情怎么出来的。后来出来很多风波呢。

那个"忏悔录"出来的时候，我就认为，那个人，那一定是政治部干的事。说政治部的人呐，糊涂、混蛋。你们这干新闻处的也常常干这混蛋的事。真的。那个我批评你们搞新闻，这个宣传，常常不会宣传，不懂得这个宣传，就是完全的主观宣传。

他要写个《张学良忏悔录》，我不能说什么话！他写个《忏悔录》，底下署名"张学良"，这个东西好像我自己发表出去的。那我就给蒋先生写封信，我并不说我反对，我说我可并没发表这个事啊，谁发表的我并不知道。

你别认为我怕蒋先生误会是我发表的，我怎么能把这样的信发表呢？这事儿不是那么回事啊！

我说我怕蒋先生误会是我发表的，是因为那忏悔录底下署名张学良呐,你明白?所以你要写出来《张学良忏悔录》是旁人搞的呀,是你写的忏悔录,是你写的张学良,你明白?你这个当宣传的,你也懂得这个吧?

那我就要请蒋先生把这个东西弄清楚。我就这样重申,我说这个东西可不是我发表的呀,我不知道什么人发表的,不是我发表的呀。

蒋先生大怒。怎么火了,怎么骂的,他们怎么个结果,那我就不知道了后来。反正就这么回事,外头不知道真正的事是这么回事。

我最怕人家这个,所以我说我不能写东西,我就不知道。

我不会记年月,我就会记得那年是几岁,就会这个,其余的我不知道。那年什么年我也不知道。

蒋先生问我这事干什么呢?就是他要写《苏俄在中国》,那里有西安事变,那件事到底怎么回事,他要写,他怕写错了,他很注意地问我,那我就对答。我因为写那篇文章,蒋先生很奇怪,他说你怎么写这么好的文章?你能写这么好的文章?后来他叫人告诉我,你就写文章吧。让我写,我就随便写了一点,后来他不再追问我,我就不写了。我说,我高兴(就)写,不高兴,我没耐心写。

那个时候,和蒋先生也不常见面,有时候见面。

做礼拜天天见面,每个礼拜见面,每个礼拜他一个人去。可是我们不说话,他在前头,我们在后头,每个礼拜。他做礼拜他从来不说话,谁也不说话,做礼拜没一个说话的,就他来了,行礼的行礼。那就是见到面了点点头了。

老先生对我还是不错的了。我不是说过,他死了我写了幅对联吗,我这是私人的对联,我吊他的,我说:关怀之殷,情同骨肉;政见之争,宛若仇雠。老先生对我,那该怎么说?对我,那是很关怀。我有病,差不多够呛了,他们旁人就想,我要死掉了。那他不但特别关切,还派了医生,派了中央医院的来看我。我到哪儿,就是到了台湾,老先生甚至都给我找最好的医生,他自己亲口告诉这个陈仪[1],要给我找好医生。那他对我真是关切得很,一直他关切我,到现在我也是这么说。

哪一年到台湾来的?我不知道,我不记得。

他们都说日本人盖这个房子的时候,怎么也没有想到后来张学良会住在这里。我说呀,天下事都是上帝安排的,谁知道明天什么样?我们绝对没想到我会在台北住到现在,我在自己家也没住过这些年。

井上,那个地方不错,也不算太不错,那附近的地方我也走过,离开以后回去看过,我看现在整个不一样,很多房子都没了。[2]

北投我好像回去过一回,那时候发大水(1959年),把那房子都给冲了,现在又重新建了。

---

[1] 陈仪,1883—1950年,字公侠,浙江肇兴人,国民党高级官员。
[2] 张学良被转移到台湾新竹井上温泉的时间,为1946年年底。

到台湾以后，什么时候第一次见到的老先生，我说不出来，真的，我说不出来是哪一年的，我向来年月记不清的。他请我去的，他不请我，我怎么能去？我们谈的什么？那我不告诉你。

等后来，到了经国先生，那对我更好，对我好得很，很关切，我们无话不说啊！不过，当然了，政治的问题是政治的问题，私人感情是私人感情。我这人是负责任的，该是我的责任，就是我的责任。我那天跟你讲，就像"九一八"这个事情，那不要紧，那是我的责任啊！我这人就这样，那我应该负责任的。那真对我很好很好，尤其经国先生，对我更好，很好。

纬国，这个人是这样，他不是乱讲话，我认为，纬国脑子里不太清楚。

这个人脑子不好，我最近跑他家吃饭去，他对旁的事他知道得很清楚，他讲到外头的事情，他知道得很清楚，好多事他比我知道得还清楚，我奇怪。

我对蒋纬国先生，我批评他，他到底是谁的儿子还不清楚，他来路不明啊，不但来路不明甚至于他大概是来路不清。

这个人怎么这么糊涂，说的话非常地糊涂，不应该说的话，不但不应该说，那没法子说的话，怎么就乱说？这不但危害你蒋家，也危害你自己，怎么说这样话呢？我就是这么批评他。

他，人是个好人，并不是坏人，我总认为他有点儿脑筋不太清楚。

2. 我和溥杰

我跟溥杰很好。

溥杰要当军人,我就劝溥杰,我说你到奉天去,到我们讲武堂念书,到我的军队去。溥杰本来去了,他们家人把他追回来的。他家里人说,小心你到奉天,他把你弄死了,你太太还和他有关系呢。

我跟溥仪也认识,溥仪呀,他不听我的话呀。我说你呀,我劝他,我说,你把皇帝老爷那套又摆来了,当皇帝又摆这又摆那儿,我说你把那玩意去掉。我劝你好话,你人在天津,去南开大学念书,假设你觉得南开不方便,也可以到美国去念书。我说你去念书,把你的皇帝的这个玩意都脱掉,你不要这套,你不要还问这问那的。他见我面,问我军队的事情,我说你打听那个干什么?与你有什么关系?你不要谈这些,我说你呀,好好地做一个平民。你要称着你的身份,将来选大总统,你有最好的机会,因为什么?你有身份!你真正做个平民,把你皇帝老爷那套都摆掉,真摆掉。我劝他,我说你要这样啊,早晚把你脑瓜子拔掉。

为什么他对我不生气?因为他那个时候是没有钱的时候。他在东北有地,有他的皇家产业。我们给他处置了,一百万块钱,政府留下一半,另一半我给他了。所以他有那五十万块钱，他得意得很，所以我就劝他，你这个人，你要听我话，我跟你说的是好话。

我说实话嘛，我就给你讲，我跟他（溥杰）太太好，他也知道我跟他太太好。

他弟弟现在在大陆上，溥杰这个人很奇怪，最近有人去了，还让人给我带好，让我到大陆看一看，他跟我问好。

他跟我很好，我本来对他很好，我就跟他说，那个时候他是个不管家的人，我本来要让他到奉天，我说我给你送到讲武堂。他后来到日本学军事了。后来是他们家里的说，那你到讲武堂去你还有好？他本来已经去了，他家人给追回来了。

3．我的孩子们

我刚才拿一本书，那就是我学英文时翻的。我有三个老师，你要看见"曾显华"，就和我有关系，曾是曾约农，显是董显光，华是周联华，你看见那个名字，就是与我有关系。我有很多的假名字，这一点也是有关系的。现在我的假名字差不多人家都知道了。

我现在洗澡，都是有一个工人在陪着我，你很容易在澡盆里淹死，你起不来，那岁数大了，你没办法嘛，应该有个人在旁边看着。

我的大儿子死得更奇怪，他跟人家好好地还说着话呢，忽然就看见他脸就变了颜色，赶快去找大夫，回来他已经不行了。那个大夫说，可能因为他脑子里神经什么的断了，因为他是有毛病的，神经不好。

我家里的小孩子，三个儿子都死掉了，现在就剩下一个姑娘了，就是嫁给陶鹏飞的那个。

他们都有结核，不能说肺结核，结核！他的结核进了脑子里。结核的毒素，不是结核菌呐，结核的毒素进了脑子里。很可惜呀，我最喜欢他了，他学问最好了，他是这个牛津大学毕业的，不但牛津大学毕业的，他还在牛津差不多考第一。

他当时就能拿拉丁文到这个伦敦《泰晤士报》投搞。为什么呢？我到伦敦，伦敦《泰晤士报》和我是有关系的，认识的。伦敦《泰晤士报》总经理他不见客的，因为总经理太忙。他就特别跟我说，我是不见客的，因为你来了，我给你一分钟，一分钟谈话。只有一分钟的功夫。

我就跟他说，我说我有个儿子怎么怎么个情况，那时候在大学要毕业还没毕业呢。他说那我非常欢迎，我们这个地方我有差不多上百个人，在这里做事的人啊，但是没有一个对中国通的，对中国（通的）人没有，那么你来了，好极了。

所以他当时就投稿。

很可惜呀，他学问很好很好，不过在开始他当小孩子的时候，他就有毛病，他脑子里大概就不对了。

他念书的时候在香山那儿，他们同学把他丢了，他干什么去了？后来找到他，他干什么呢？他在那野地里，就跟那个草哇、跟那树哇说话，他说我试验试验它们会说话不。他神经上就不大正常了，想什么事他就不对，不是那个正常想法。我到巴黎的时候，就带他们弟兄两个到巴黎去，他白天不出去，他一个人不行。

老三早就死了，也是结核，肺结核，十一岁十二岁就死了。那时候肺结核很难治，那个时候没办法，要是现在，结核就不算难治的病了。

老二也死了，老二死是因为抽香烟，抽香烟死的，肺气肿。他一天差不多止不住地这么抽。

我的大儿子，葬阳明山那儿了，那个小的葬在奉天了，老二死在美国。

这个老大没结婚，老三早就死了。

老二结婚了，生了一个儿子，生了两个姑娘，他太太也死了，太太死得很快。他的儿子，我最大的大孙子，现在也已经多大岁数了，我儿子都多大了呵！他的大的姑娘，大概我生日她要来，她生的儿子。她嫁给了香港的郭家，郭家在香港开个什么公司。

她嫁给他了，可是她的这个丈夫非常坏的，跟她后来两个吵架，丈夫跑了。逃回香港，就让她离婚嘛。她的儿子本来姓郭，她的丈夫逃走回到香港去了，她儿子自个儿就改姓张了，儿子也姓张，我对她就像我的孙子一样了。现在他都要结婚了，大学已经毕业，做事情了，他结婚了，我差不多快五世同堂了。

我自己的大孙子的儿子、姑娘都十几岁了,那么我现在这个(赵)太太生的儿子,我的这个孙子也结婚了,结婚一年多了。这个孙子很厉害的,他是学的电脑,电脑的专家,他的太太他俩是同学,都是这个美国最有名的斯坦福大学毕业,太太是教化学的,现在他们都自立了。

我的儿子,就是我那个(于)太太生的儿子,他本来是要到台湾来接洽的,到大学要教书的,他妈妈喜欢他来呀,他妈妈因为身子不好,不知道要不要照顾照顾。

后来我有一亲戚,他就劝他,他说你可别介,千万不要到台湾来教书,他说你这样,你自己到台湾教书的话,你知道台湾这个大学对人排斥得很,他说你要是干什么,最好当客座的教授,来这儿讲学,一个月半个月的你还可以。因为这个是我五妹的儿子,叫蒋××,他就在这儿。

每年他来,人家请他来,有时候中央研究院也请他,别的地方也请。就当客座教授。

他说你当客座教授可以,但你要到这儿当个整个教授,你中国话也不会说,非常的麻烦。结果他不来了,本来那个交通大学要请他来的。

陶鹏飞,那可是个宝贝!

他本来前几年回来的,他来了,财大要我给他开一个课程,他是学这个阴阳政治学的,要我专门给他开课后,我这个姑娘跟他说那你在台湾教书吧,我是不回台湾啊,我在这美国待着。我说那好了，把你饿死了，他赚不了几个钱寄给你。

后来我说你趁早，你自己觉得好像很牺牲，你趁早别干这个财大，现在你知道这几个大学里头，我认识几个人，那排斥得太厉害了，现在台湾教育不好的原因很大，你不要进来。他说你不当什么好事情，人家可拿这个当日子过呢。

4. 喜京戏好字画

青衣，我不大喜欢，青衣也听，要真是好。小生，我喜欢叶盛兰，那唱得真是好，那唱绝了！还有裘盛戎，我这最喜欢，都是辽宁人。

我当年在北京，那些名戏子都是我的朋友，余叔岩呐，梅兰芳呐。

陈彦衡，你晓得不晓得？这你不够资格了。言菊鹏，你晓得了，他是怎么出来的，你知道么？

言菊鹏是当年北京一个部里的小科员似的，喜欢唱着玩，陈彦衡拉胡琴，那可以说是中国第一把交椅，那他拉得可是真好！他教给的言菊鹏，言菊鹏起来，那是他给带出来的。现在有唱盘，那天我听见了，不是现在唱的，是当年的言菊鹏唱，他拉的。

陈彦衡是我的一个朋友，我一直想（学）唱，陈彦衡教我。他说，你绝对不能唱，你要想唱戏，只能唱小丑，你五音不全，不能唱。

很可惜呀，我本来研究明史呀，我收藏了好多明朝时的画，收藏了很多。这个明朝的书法，那些古董、画啊，我几乎都没了，我都换饭吃了，都卖了。

那个书法啊我都留着，我很喜欢书法，我留着，现在恐怕在台湾呢要拿出明代的书法也是不容易的，我专门留有明代的。清代的当然我也有，（但）现在差不多都没有了。我原来留书法留很多很多，明代的书法恐怕是我收得最多的，还有扇面，大的收不起了，明代的书法、扇面，明朝有名的这些人，我差不多几乎没有没收到的。明四大家，明朝这个所谓画工精美的，我就成套的，有的没收到，收不到。在大陆还可以，在台湾很难收到。

我当年在北方，我算是差不多第二，就不能说第一。我要是在第二个，就不算头一个，就这么讲。我从前没有旁的嗜好。就是收藏字画，个人管道也有，拍卖的也有，一种嗜好。

我有一幅字，我当年是花三万块钱的，二十九个字，就二十九个字，我花三万块钱，一字千金呐。现在这个东西，有人看见了，眼看着在日本横滨博物馆里头，王献之的，羲之的弟弟。[1]

---

[1] 张氏误记，王羲之、王献之应是父子关系。

外编 唐德刚论张学良

从北京政变到皇姑屯期间的奉张父子
花花公子·政治家·军事家
张学良将军的赤子之心
敬悼张学良将军"旧"诗一束

从北京政变到皇姑屯期间的奉张父子
为"纪念'九一八'六十周年国际学术讨论会"而作[1]

在20世纪20年代的中段,也就是中国南北军阀混战的末期,那发源于东北的"奉系",可说是一枝独秀了。奉系自1924年秋,在"第二次直奉战争"中,一面以二百万日元的重赂(一说是"奉天官银号一百多万小洋买来的"——见全国政协"文史资料选辑"第五十一辑第七七页韩玉辰文),争取了冯玉祥对"直系"倒戈,发动了"北京政变"(10月23日),幽禁了曹锟,摧毁了他的"贿选政府",由黄郛组织"摄政内阁",以作过渡。

同时奉军以其重建的"一、三联军"的精锐,在少帅张学良的指挥之下,突破了直军防线,在山海关、秦皇岛一带包围了吴佩孚的主力,缴械纳降三万余人。吴大帅仅率残卒数千,浮海逃遁,使"第二次直奉战争"成为奉系全胜之局。

---

[1] 原载《传记文学》第五十九卷第三期,原刊发表时附注:本篇注释太多太长,当编另篇发表之。文中有若干条海外罕见之史料,则随文略注之。

奉系羽翼下的"段执政"

自此奉系大举入关。主帅张作霖（时任"东三省巡阅使"）亦于11月初抵天津，晤冯玉祥商讨善后，并决定公推前"皖系"军阀首领、其时退休在天津闲住的段祺瑞，暂时出山担任"中华民国临时执政"，以后再另作安排。

段祺瑞这时原是个孤家寡人。但是他毕竟是做过"北洋军阀"的总首领。百足之虫、死而不僵，还有其剩余价值，足资利用。所以冯、张二人公推他作"临时执政"，实各具"挟天子、令诸侯"的私心。而段氏宝刀未老，在各派公推之下，依违其间，也颇有乘机再起的一厢情愿的打算。但是他也知道，论实力，冯则远非张之对手；论历史，他原是冯玉祥这位有名的"倒戈将军"第二次倒戈（民国七年）的受害人。所以他对张则一直是折节服从，对冯则难免阳奉阴违，虚与委蛇了。

就在这同床异梦的情势下，段祺瑞便于11月24日在北京就职。张作霖亦率奉军千人入京观礼。就职之后，段执政便按他自己一厢情愿的安排，假戏真唱了。第一他要废督裁兵、偃武修文，来解除各省实力派的兵权。"废督裁兵"原是前大总统黎元洪发明的。在中国军阀时代，凡无兵权的当政者都主张废督裁兵；有兵权者，则反对之。可是这一次段显然是得到张作霖之谅解的。张乃自请撤销他原有"镇威将军"的"将军府",并解除"东三省巡阅使"名义(仍"节制东三省军务"),改任"东北边防屯垦督办"。

由于张的支持,段也发表冯玉祥为"西北边防屯垦督办",驻节兰州。冯在曹锟政府内原为"陆军检阅使",屯重兵于京畿南苑。至是,段亦裁撤"陆军检阅使"名位,促冯去西北任所就职。段亦以同样方式电其他各省,废督裁兵,虽收效甚微,然其后凡以北京政府名义外放之省区武官,一律称某省"军务善后督办",虽换汤不换药,然"督办"的名义在"执政"时期,就与"督军"头衔,混杂使用了。

段之另一着棋,便是他的"善后会议"。他要网罗全国实力派,如孙文、黎元洪甚至吴佩孚等,及清流如胡适、王宠惠等百余人,来开个全国性的"善后会议"(颇像后来国民党的"国民参政会"),然后通过这个会议,他想或可炮制出一部新的"宪法"或"共同纲领"一类的东西。如此,则他的"临时执政"或可名正言顺地变成"永久执政"或"大总统"了。——这显然是段执政的一厢情愿的打算。他自1924年11月24日就职,至1926年4月9日逃往东交民巷,一共干了一年多的"临时执政",他的如意算盘,就是这么打的。

孙中山的"最近主张"

再者为着他的"善后会议"——善后会议的名单中,怎能没有"孙文"呢？——段祺瑞乃附和张作霖和冯玉祥的主张，联电奉请屈居广州的孙文大元帅北上，为和平统一，共商国是。

1924年秋第一个电请中山北上的原是冯玉祥。冯在幽禁曹锟之后，无以善其后。眼看他的"首都革命"的果实就要落入张作霖、段祺瑞两大军阀之手，因而他就想起有盛名而无枪杆的孙中山。以冯的枪杆捧孙的牌位，岂非天作之合？加以冯那时已与赤俄的"第三国际"早有往还。与一位"以俄为师"的革命领袖相提携，也是最顺理成章之事。

奉张父子之邀请中山北上，也自有他们自己的主意。盖雨亭（张作霖字）、中山原为老友。他两人的儿子学良、哲生（孙科别号）也占"民国四大公子"的一半，交情不恶。雨亭曾以巨款济中山之急；而中山亦在雨亭危急时，为他卖过命。真是交非泛泛。

原来在1922年"第一次直奉战争"时，奉军被吴佩孚打得溃不成军。当全国都在幸灾乐祸之时，空谷足音，孙中山却在桂林通电援奉，大骂"吴贼"。盖此时中山正率陈炯明的"粤军"，打垮老"桂系"，师次桂林，欲乘势"北伐"。为此中山竟与陈炯明闹翻。弄得叶举叛变，"炮打总统府"，中山几乎把老命送掉；而庆龄夫人受惊，竟至当街小产……孙公为之狼狈不堪。这在奉张看来，真是其志可嘉，其情可感。

1924年9月，当"第二次直奉战争"已箭在弦上时，中山又舍命相陪，指挥一些虾兵蟹将，什么粤军、桂军、滇军、湘军、赣军、川军、豫军……御驾亲征，北上韶关参战，讨伐曹吴。但是这时他在广州的革命根据地，竟危至一城难保。与近在香港的英帝国主义呼吸相关的大班陈廉伯，和他配备精良的"广州商团"正阴谋"倒孙"、"杀蒋"，并摧毁黄埔军校。因此黄埔校长蒋介石和政治部主任周恩来等，均在一夕数惊下，向孙文连电告急，而此时孙之内战兴趣正浓，为着他那绝无可能之"北伐"，他老人家广州也不要了，黄埔也不要了。远交近攻，联张反吴"孤注一掷"（孙公致蒋函）去者。

1924年9、10月之间，孙中山在韶关的蛮干，在当时独守孤岛的黄埔蒋校长看来，可能是荒唐透顶，但是在北方的奉张父子眼光中，孙文还是够朋友的。当他们10月底打垮吴佩孚之后，有志以武力解决长江各省时，远在两广的"孙文"（"孙文"是当时北方军人对中山的习惯称谓），还是要交结的。所以奉张当时也欢迎孙文北上，是有他父子自己的主意的。

可是我们这位国父却是一位私心极少的正人君子、爱国者、直肠人、理想家，甚或"大炮"，他的考虑虽然全属空想，却是从民族整个利益出发的。正如他在后来的"遗嘱"上所说的，他应约北上是有"两大主张"的。这两大主张便是：开"国民会议"及废除"不平等条约"。

中山先生要开个什么样的"国民会议"呢？像"民元国会"或像他自己在广州搞的"非常国会"（1917），或是"安福国会"（1918）？或段氏正在搞的"善后会议"（1925）？抑或是像国共两党后来所搞的"扩大会议"（1930）、"国民参政"

(1938)、"人民政协"(1949)、"国民大会"(1947、1948)、"人民大会"(1954)……？他老人家并没提出具体方案。纵是提出了，历史也会证明它是一场无用的闹剧。

至于"废除不平等条约"，则更属空想。那时神州大陆，各省均在关门砍杀，遍地枪声。那些战败了的军阀官僚，都还要靠"不平等条约"体制下的"使馆区"（东交民巷）和"租借地"（旅、大、南满日本站、威海卫、九龙，甭说香港和沿海沿江的租界……）亡命存身呢。那些战胜者，也要靠这些地方去吃喝玩乐呢……"废除不平等条约"，岂是中山号大炮一放，就可立刻做到的？

不过在我们的民国时代，朝政失纲；在野者总比在朝者有舆论声望、有道德权威。他可喊口号、讲大话、唱高调以赢得全国喝彩而成为"君子"、"圣人"，名满天下。何况中山的确是当时中国最高层政坛上唯一的"现代人"（Modern Man），和无私忘我的圣徒（Saint）。

不怕不识货，就怕货比货。人民的眼睛是雪亮的。所以中山先生当时在中国声望之高，是举世无匹的，虽然他所唱高调之不切实际，也是与他的声望成正比的。因此当他在1924年（民国十三年）除夕抵京，至翌年3月12日病殁，在全国的爱国情绪上，是打了一剂强心针，而在实际政治作用上，确未泛出应有的涟漪。奉张父子对他也就不太重视了。

张作霖"武力解决"的腹案

"北京政变"后,张作霖对时局的腹案,显然就比孙中山的实际多了。——张搞的是"枪杆出政权",用武力统一中国。"武力统一"这四个字是段祺瑞在搞"安福国会"(1918)时发明的。继之而来的接班人是吴佩孚;吴之后才是张作霖。其实奉张之后,蒋、毛二公所搞的还不是"武力统一"?反观我国三千多年的历史,哪有什么"和平统一"这回事呢?所有"分久必合"的现象,都是"武力统一"的结果嘛。民国哪能有例外呢?

作霖当时的腹案分明是:屯重兵于华北,压制冯玉祥,最好能不战而屈之。然后招降或中立那善于观风的山西阎锡山;再挥军南征"以武力解决长江各省";消灭直系的残余势力,如盘据沪宁一带的齐燮元,闽浙一带的孙传芳;甚至包括仍然寄生于武汉、洛阳一带的吴佩孚本人。长江既已在掌握中,则华南、西北,不难传檄而定也。事实上奉军于1925年春季南征,便是循这条腹案脉络前进的。

张少帅的震主威权

这次奉军(第三次)入关南下的编制,是自"东北陆军"

中编出六个"军",由姜登选、李景林、张学良、张作相、吴俊升、许兰洲分任第一至第六军军长。每军之下各辖三至六个"旅"及若干"独立团",如炮兵、工兵、辎重兵等等。另加空军、海军由少帅张学良直接指挥。六个军的总人数,盖有二十余万人。

在这六军之中,再以最精锐的一、三两军合组"一、三联军司令部",以张学良为司令,而以第三军副军长兼第六混成旅旅长,也是当时奉军中最具现代化头脑和最干练的将才郭松龄为副司令。二次直奉战争后,奉军再次扩编;改旅为师、改军为军团。改"一、三联军司令部"为"京榆驻军司令部",驻天津。直辖步兵六师十二旅,骑兵一师两旅,炮兵两旅,工兵一团。少帅张学良任第三军团军团长兼司令,郭松龄副之。共有步骑炮工辎各兵种七万五千人。奉军六大军团的张家父子兵之精华,悉在此中矣。张学良若非"少帅"也就权高震主了。

至于"京榆(或作津榆)驻军司令部"设立之确切日期,当事人如张汉公(张学良字汉卿)本人及郭大鸣(松龄之弟)等之"回忆"及诸史家著录,均略有出入。盖"军团"之设立,"司令部"之改制,均发动于1925(民国十四)年春,而完成于同年9月也。

奉军南征与诸将分封

可是当奉军于1925年春季沿津奉、津浦南下，志在以武力解决长江各省时，少帅这支奉军主力并未动用。它的主要任务显然是稳定华北、控制北京，并监视正在迅速发展中的冯玉祥的"国民军"。

至于奉系其他次级部队和杂牌军的首领，则随奉系地盘之扩张而就地分封为各地军政长官。第二次直奉战争后，东三省老巢之外，第一块落入奉军掌握的地盘便是"热河特别区"。第五军副军长阚朝玺乃奉命率两个奉军混成旅及若干地方部队，出任热河都统，驻节承德。

第二块落入奉军掌握的则是直隶省（今河北）。第二军军长直隶人（满族）李景林乃奉命出任直隶督办，驻节天津。所辖奉军及改编后的地方部队凡六万余人。

自北向南的第三块地皮，便是山东了。1925年4月，第二军副军长、山东人张宗昌，乃衣锦还乡出任山东督办。

张宗昌（1881—1932）少年贫困，"跑关东"（山东人去东北谋生的习惯语）谋生。曾在海参崴卖过烧饼，在东三省当过"胡子"，并学会了一些下等俄语。嗣后经过招安当兵等一系列行伍过程，终于能在直皖各系军中逐渐升迁，最后回东北投老少帅，至此竟做了山东督办。他所统率的除少数正规奉军之外，也改编了大批直鲁两省地方部队，号称"直鲁军"及少数"白俄军"。盛时竟拥众十万以上。虽然这位出名"三不知"的"狗肉将军"，并不知道他自己有多少兵，多少老婆，多少银子。

1925年初，张作霖以张宗昌凶猛善战，又在长江流域有作战经验，乃予以"苏鲁皖剿匪司令"名义，嘱其挟前"淞沪护军使"、因战败而投奉的卢永祥，挥军南下。张、卢于1925年初击破直系齐燮元军进占南京。卢永祥并于南京一带网罗一些淞沪旧部增组"宣抚军"，仍以张宗昌为总司令，率军循沪宁路东进。一路取常州、夺无锡、占苏州，终于1925年1月底占领上海；再循沪杭线南进，与直系另一悍将孙传芳（1885—1935）所部相持于沪杭之间。奉系势力发展至此，可说是臻于极盛了。然奉军此次南进远及苏杭这块天堂地区，张宗昌实居首功。

因此当张宗昌得胜班师之际，论功行赏，张作霖乃授意段执政将山东督军郑士琦他调，遗缺就由张宗昌这位民国史上的"标准军阀"递补了。张宗昌督鲁一督三年，直至"济南惨案"（1928年5月）爆发之后，才被北伐军赶出山东。最后被白崇禧在滦东缴械，始结束了他的政治生命。1932年他返鲁扫墓，误入韩复榘的圈套，终被枪杀。

1925年4月张宗昌北返督鲁时，张作霖乃派心腹智囊总参议杨宇霆任"江苏督办"，第一军军长姜登选为"安徽督办"，并统率长江下游的奉军。

奉军既占苏、皖，则奉系此时所夺地盘已扩及八省三市——关外：黑吉奉热（热河是省级特别区）；关内：冀鲁苏皖，及北京、天津和上海。天津、上海在政治区划上虽直属冀苏二省，其实际影响力较其母省容有过之。

以中比西，则此时的奉系地盘较中古欧洲的"神圣罗马帝国"或近代西欧之英、法、德、奥、意、荷、比、西八大列强疆土之总合犹有过之。

奉系此时拥有精兵三十七万人，陆海空军俱全，训练、装备、补给皆举国无双。奉张父子之权力，至此可谓登峰造极了。

就在这奉系势力如日中天之时，民国史上最大的国耻之一"五卅惨案"（1925 年 5 月 30 日）在上海爆发了。一时举国沸腾。学运民运的目标都集中于"打倒帝国主义"，而上海的各国租界也就成为众矢之的了。正当这华洋对峙，双方于春申街头摩拳擦掌的紧要关头，少帅张学良奉老帅之命，忽于 6 月 13 日率奉军精锐两千余人，进驻上海。这时被中国工运学运吓惨了的英法租界当局，见奉军入沪，竟联衔向少帅要求派军入驻租界加以"保护"。

此次中国军队进入租界，不论各方解释如何，也是中国租界史上的创举。这时的少帅，年方二十五，官拜中将，风华正茂，其为人也，又面如冠玉、潇洒风流。周旋于五光十色的十里洋场之中，真是如鱼得水。

在一次前国务总理唐绍仪女公子（顾维钧博士的大姨子）

的高级宴会上，他这个"小把戏"也结识了其后名播国际，在西安事变中发生决定性作用的蒋夫人宋美龄女士。没有他夫人于凤至的这位"结拜姊妹"的不时翼护，则汉卿在其后五十年的"管教"期中，也就要辛苦多了，危险多了。此是后话。

郭松龄叛变的历史意义

不过话说回头，这时不论奉系势力是如何的强大，它终究是个"北洋军阀"的一支。它上下所搞的还是刘邦、项羽那一套——穷兵黩武、逐鹿中原。谁把鹿捉到了，谁就做皇帝。这个老套套，在"民国时代"就不够用了。

知父莫若子。张学良总喜欢把他老子与他的上司蒋中正作比。他说前者是"有雄才、无大略"；后者是"有大略、无雄才"。所以他二人是各以短取败，要各以长相辅就好了。

"雄才"者何？"水浒"英雄，"说唐"好汉也。隋唐之际最大的雄才，便是秦王李世民了。"大略"者，建国方略、建国大纲，民主专政、农村包围城市等等是也。换言之，你得对你自己的政治措施、政治布局有认识，有远见，有策略也。斯为张老帅之所无。他老帅口口声声要"以武力解决长江各省"。长江各省，真的被他武力解决了，则"以暴易暴"耶？这点他就讲不清楚了。讲不清楚则不但长江各省武力解决不了，他用武力强占的苏皖二省，在1925年秋又被南方军阀孙传芳等夺回去了。——军阀失之、军阀得之,于我老百姓何有哉?这就是没有"大略"的毛病了。

再者,对自己的政治措施无认识,则连自己内部的问题,都无法解决,这样就爆发了1925年冬的"郭松龄倒戈"的闹剧。

郭松龄(1882—1925)于1925年(民国十四年)11月22日,突然叛奉自立,号称"国民四军"或"东北国民军"。历时不过一月零一天。虽是昙花一现,而功败垂成,意义深远。当时若天如其愿,在东北取张而代之,则其后国民党的联俄、容共、北伐、清党一连串的历史故事,也都不会发生了。今日的中国甚至整个东亚,也不是这个样子。"历史的偶然性",可不信哉?

郭松龄叛变是怎么回事呢?简言之,它是奉系内部矛盾的表面化;而奉系内部矛盾又是当时整个中国内部矛盾的一部分。

盖奉系在20世纪初年张作霖接受招安开始,二十年中他们就建立了一个伟大的"神圣罗马帝国",在这帝国之内因而也就派系丛生。而派系中矛盾最尖锐的盖有三大集团。第一是随张作霖招安而来的"元老派",包括张作相、张景惠、汤玉麟等人。这元老派原是一群绿林豪杰,略识之无的老粗。当他们觉得他们的帝国之内需要充实一批新人材时,他们便延揽了一批留日归国的"士官生"——这是当时中国各省区的普遍现象(只有袁世凯的嫡系"北洋六镇"是个例外。袁不用士官生）。士官生既在地方武力中得势，奉军中因而也有一个"士官派"。它在20年代的首领便是杨宇霆（1885—1929）。士官派本依附于元老派，渐渐地它却掌握了元老派，成为奉系中的当权派。至于奉军的中下级骨干，则又是"陆军大学"和它自己"东北讲武堂"训练出来的毕业生。无形中他们也就形成一个强有力的"陆大派"或"讲武堂派"。这一派的精神领袖原是该校1919班毕业生张学良。而张学良是"少帅"，是全军的副统帅，职责繁多，又欢喜声色狗马，不常在军中，因此他们的实际领袖便是出身陆大并曾任讲武堂教官的郭松龄了。郭松龄掌握了"京榆司令部"，也就掌握了奉军精锐。

上述三派在奉军之中不特时为权位而倾轧，他们的生活方式和思想倾向亦大有不同。要言之，则元老派与士官派早已形成一个官僚集团，在位攘权；思想生活也都比较保守，甚或腐化。而讲武堂派则比较年轻、笃实，所受当时的潮流——如"十月革命"（1917）和"五四运动"（1919）——的冲击也很大。他们反对祸国殃民的内战，同时对元老派的旧军阀统治，也有反感。其中尤其是郭松龄影响最大。郭的夫人韩淑秀是学风比较新颖而激进的燕京大学毕业生，与冯玉祥的老婆李德全同学，感情甚好，过往亦密。而冯此时已与"第三国际"挂钩，北与苏联驻华大使加拉罕，南与中山的俄籍顾问鲍罗廷都在暗中往还。至于苏联对冯氏"国民军"的弹械支援，和国际共党在冯军中的顾问活动，也早已不是秘密。凡此种种，对郭松龄都是新鲜的刺激。尤其是冯玉祥对直系的"倒戈"，以及冯在"北京政变"后的迅速发展，郭氏显然也不胜羡慕。他既然深知他在奉军中所掌握的实力，远超过一年前冯氏在直系中之所有；他也深信他如挥戈"倒奉"，那真如探囊取物了。倒张之后如再与冯玉祥联成一气，并得苏联之奥援，则华北可大定也。因此郭氏于11月中在日本观操奉召归来，席不暇暖，便与冯玉祥订了七条攻守同盟的密约，随即于11月22日发出通电，公开反奉了。

反奉倒戈必败的原因

郭松龄的反奉倒戈，其军中显然是有文人（如他所特请的林长民、饶汉祥）无策士；不像冯氏倒戈，有个黄郛为他出谋划策，所以他一出手便铸下大错。为着与冯玉祥的"西北国民军"相呼应，郭把他手下奉军番号改成"东北国民军"。冯的"国民军"那时与共产国际挂钩是尽人皆知的。郭之叛奉，一开头就与冯玉祥摆出个没有必要的搭配；这就未蒙其利，先受其害了。郭不要冯的支援，冯也不支持他并乘机混水摸鱼。

那时唯一能左右郭张内战的是日本的"关东驻屯军"。日本人本不喜欢奉张父子，但是两害相权取其轻，日本人更怕带有共产色彩的"国民军"进入满洲。日本人终于决定不让郭军穿过南满路，并将他们的"驻屯军司令部"移入沈阳。这一来，奉天便成为铜墙铁壁。张老帅也就决定率残部反攻了。

再者,兵骄必败。郭氏自信心太大了。兵未发轫,他就要搞个原一、三军团的嫡系,把那些有心投靠的杂牌地方军,如热河的阚朝玺、直隶的李景林以及其他的吉林军和黑龙江地方部队等,均拒于圈外,太阿倒持,化友为敌。

郭君也忽视了,20年代中国的道德观念的基础仍是君君臣臣的"封建道德"。他统帅的原是张家的父子兵。奉张父子虽"大略"不足,却各有"雄才"。有礼于士大夫,亦有恩于士卒。他们将帅士卒之间,是有深厚的情感,离间不易,而郭氏怀偏将之才,反而疑忌成性,如今却要奉"少帅"以伐"老帅",然其对少帅亦口是而心非。如此司马昭之心,将士之间亦何尝不洞若观火呢?

所以郭氏如早怀异志,欲成大事,则应效法他的小东人搞西安事变的干法:出其不意,劫持统帅;然后以三两天功夫,底定奉天,才是有效的办法。舍此不图而称兵犯上,一经胶着,旷日持久,则叛军就要作鸟兽散了。——这就是郭松龄原本克榆关、取锦州势如破竹,然终于12月24日兵败巨流河(沈阳西南),单骑走麦城,而夫妻双双被擒伏诛之原委也。治史者走笔至此,有余慨焉!

冯玉祥是众矢之的

郭松龄兵败身死固然是他夫妇的悲剧,而郭之倒戈对奉张父子也是个致命的打击。郭在日本观操，奉老帅之召回国的目的，原是要借重这位猛将西伐冯玉祥，南征孙传芳的。他的突然叛变把奉张父子这一军事计划，完全扭转了。他的叛变也使奉军内部的裂痕更为表面化。虽然郭氏死后，张学良曾仿效曹操官渡之战（200—201）焚卷的故事（曹操把自己将士与敌人勾结的信函掳获之后，未加查阅便全部焚毁，并说"斯时孤且不保！"），把麾下将士与郭松龄私交的证据全部焚毁，既往不咎，然军心究非昔比。有的郭氏死党如参谋长兼炮兵旅长魏益三便拒不归队，终率余党数千人，仍称"国民四军"，依附了冯玉祥（见魏氏自述，载全国政协"文史资料选辑"第十五辑二一五页）。

可是尽管郭之对冯颇有敬慕之情，而冯之于郭，则显乏投桃之报。当12月初郭氏"讨奉"战事正烈之时，冯忽挥戈东向。他不是援郭而是挖郭的墙角，向已宣布"脱离奉系"的直隶督办李景林大举进攻，抢夺了直隶省的地盘，并霸占了天津作"出海口"；他也乘阚朝玺鼠首两端时，突然夺取了热河。鹬蚌相争、渔翁得利。这时冯玉祥的声势自然直线上升。东起天津、西迄兰州，长城内外的草原牧场，尽成冯氏"国民军"的天下。在北京他驱策段祺瑞，挟天子令诸侯，也炙手可热。因此郭松龄死后，奉军重振旗鼓的第一个对象便是冯玉祥了。

1926春初，张家父子乃整编残部，率师再度入关。守关原"叛将"魏益三不支，率其"国民四军"逃往保定。少帅精锐乃占领滦州，直指天津。

这时奉张父子对冯玉祥是必除之而后快。那时他父子对冯的办法，除奉军正面进攻之外，并檄调败退山东的李景林和张宗昌的"直鲁军"攻其南；作霖更遣专使与吴佩孚释嫌修好，约他自武汉北攻冯军于信阳；并诱引阎锡山出娘子关取保定，使冯之"国民军"四面受敌。

在冯氏四面楚歌之时，那位寄冯氏篱下，无兵无将而徒拥高位的段执政，处境就更为困难了。他深知他只能"执政"于张、冯、吴三派的均势之下。一旦其中任何一派独得其势，武力失去平衡，他就要下野了。因此段执政在国民党"北伐"前夕，实在是个三处磕头、四面讨好（三面之外再加一面便是原八国联军时帝国主义所组织的"公使团"）的一位最可怜可嫌的国家元首。

"三一八惨案"与天安门喋血

冯玉祥原是"北洋军阀"集团中唯一的一个没有固定地盘的主要军阀。他游击全国，四处依附、四处"倒戈"，竟成为民初全国知名的"倒戈将军"。当然他倒戈最成功的一次便是1924年他叫做"首都革命"的"北京政变"了。这一下他忽然搞到个全国第一号大地盘——北京。但是北京太重要了。玉祥无意中得之，但是得到了，他又消化不了。只好捧出个老军阀段祺瑞做幌子。可是段祺瑞的资格又太老了，他竟然要假戏真唱，不愿做冯玉祥的傀儡，已如上述。冯既指挥不了他，而自己又不愿做自己傀儡的喽啰。因而这位"作假作了一辈子"的"倒戈将军"对段执政呈请"辞职"又"辞职"；而段执政对他则"慰留"又"慰留"。二人心知肚明，都在唱戏。只是直至1926年春，这台假戏再也唱不下去了。——受他唆使向张家父子倒戈的郭松龄已兵败身死。死敌奉军已倾巢南下。而被他倒戈几至身败名裂的吴佩孚，又信誓旦旦必报此仇。玉祥处此逆境，唯一可以自保之道便是南交汪蒋，北靠苏联了。汪蒋对他自然是欢迎之不暇；而斯大林、托洛斯基也早已看中了他。1926年初，他们之间的关系也索性公开化了。

俄人援冯既然公开了，则日本援张，英人援吴，也就更加积极了。一部中国近代史，原即是一部帝国主义列强在华的角逐史。这次北洋军阀的内战，帝国主义的阵线也是十分明朗的。

因此在2月初旬当奉军舰艇在大沽口外出现时，冯军乃在大沽口沿海设防，并以俄制水雷封锁大沽口，并一度与故意穿过封锁线的日舰炮战。如此一来，帝国主义就全部卷入中国内战了。日本人就首先对冯军布雷，提出抗议。

3月16日，英美法意荷比西日八大帝国主义，更联合援引"辛丑条约"海口不得设防之条款，向北京政府外交部，提出44小时期限的"最后通牒"。

段政府怎敢得罪帝国主义呢？同时他也为讨好奉张，并暗防赤俄，乃劝令冯部停止布雷。冯玉祥之是否接受段的劝告还是次要的，最重要的却是段之向帝国主义低头，大大地违反了全国的民意。这时"五卅惨案"的血犹未干，而帝国主义气焰又起，是可忍孰不可忍？加以这时"国共合作"情意方浓。国民党（也就是共产党）在华北的地下活动，正如火燎原。"五四运动"当年的激进分子，这时多半是国共两党的地下工作者，一声呼啸，则学运工运便一哄而起。

1926年（民国十五年）3月18日（星期六），激于义愤的北京学生和市民数千人乃集合于天安门前开了个"国民大会"，声言反抗"八国通牒"。要求把八国公使赶出中国，并撕毁"辛丑条约"。大会由徐谦、顾孟余、李大钊等公开或暗中主持。一时群情激昂，呼啸冲向国务院。这时执政府的卫兵慌了手脚，卫队长乃下令开枪。枪声骤起，群众前逃后冲，秩序大乱。被击毙的学生和市民达四十七人，伤者一百五十余人。是为民国史上前所未有的政府屠杀徒手学生和平民的"三一八惨案"。

这一杀不得了，全国舆论为之沸腾。北京政府亦自知理屈，国务总理贾德耀引咎辞职，段执政亦明令对死者抚恤，伤者送医。但是这批军阀当局总以为这次群众运动为国民党（共产党）地下煽动之所致，乃下令通缉徐谦、顾孟余、李大钊（1888—1927，时任北大教授兼图书馆主任）、李石曾、易培基等。徐谦等乃避入俄国使馆。这就伏下了后来张氏父子查抄俄使馆的契机。

在中国近代史上，所有学运、民运，从政府的立场看，都是"坏人"煽动之所致。其实所有群众运动都是激于义愤的;"坏人"只能推波助澜而已。此时段政府之无力"撕毁辛丑条约",无法"赶走八国公使",是可以理解的。但是段政府之枪击爱国学生与市民,死伤至二百余人之多,那就混账至极了。

邓小平初出茅庐

这桩"三一八惨案"只是军阀混战史中一件"惨案"、一段"插曲",无关乎大局。这时张、吴联合讨冯,冯自知不敌,乃分饬所部自直隶与河南向北京撤退。北京如再不保,便北撤南口,准备向西北逃窜。冯的另一着棋便是干脆把他与第三国际和国民党的关系正规化。

3月20日,当广州的汪、蒋正为"中山舰事件",开始决裂时,冯却应鲍罗廷之约自平地泉赶去库伦。未几鲍亦偕大批国民党要人顾孟余、陈友仁、谭平山、邵力子、于右任等抵库。在诸人劝说之下,冯也就同意加入国民党了。

在"近代中国"这座大舞台上表演出将入相的演员们,他们"才"、"德"和社会背景,基本上差别有限。只是一部"中国近代史",却是一部从"中古"逐渐进入"现代"的转型史。在这蜕变期中,则有极明显的"阶段性"。表演后一阶段的演员就要比前一阶段的,更要"现代化"。前一阶段的演员,如不把握时机教育自己(像孙中山那样),当时代进入次一阶段,你就要被时代所遗弃，变成新时代的"革命对象"了。像冯玉祥这样的人，他自"滦州起义"（1911）的小革命党，转变成民国初年的标准大军阀。等到20年代中期这个军阀阶段渐成尾声时，他如不有所转变——不论是自动的或是被动的——就势必和吴佩孚、孙传芳等同舟共沉了。想不到在1926年初他因兵败走投无路之时，却被第三国际看中而加入了国民党。

国共合作和北伐是中国近代史上的一个新阶段。在这"新阶段"中，冯玉祥本是没份的，但是三凑六合，使冯氏搭上这条新列车，便随之进入次一阶段了。

玉祥于4月中即与第三国际和国民党洽谈妥当，4月底他就接受苏联的邀请，偕徐谦等一行到世界革命的司令部莫斯科朝山去了。一朝四阅月，正赶上"国民革命军"誓师北伐，一路势如破竹，直下长沙武汉。国内形势大变。当这位老军阀带了一批斗志昂扬、信心十足的青年共产党邓小平等和大量俄援武器自苏联返国时，冯玉祥也就是另外一个冯玉祥了。

四大军阀·各怀异志

话分两头，当冯玉祥得意洋洋地走向莫斯科之时，他留下的一批"国民一二三军"的将领鹿钟麟、孙岳、张之江、宋哲元、韩复榘却正被奉直二军打得七零八落。这时无兵无将的段执政自然地就要抛弃冯系，而向争夺北京城，来势汹汹的奉直两军之间求其均势了。但是张家父子这时的兵力远在直系残部之上，所以段执政在依违之间，难免就有"暗通奉系"之嫌。事为冯系守将、时任北京警卫司令的鹿钟麟所悉，鹿乃于4月9日派兵围执政府、缴卫队械，举行二次"北京政变"，把段祺瑞赶入"东交民巷"。鹿为自保计乃释放前总统曹锟，声言愿重隶麾下；并通过曹锟与吴佩孚释嫌修好，希图共拒奉张父子，然吴则与奉张另有密约，拒不接纳。鹿自知独力难以抗奉，便于4月15日全师撤出北京，退守南口。冯军既撤，那由张宗昌、张学良、李景林所率之奉军及直鲁联军乃长驱而入，占领了北京——也结束了为时一年有奇的段祺瑞"临时执政"的闹剧。段氏一去则中枢无主，由颜惠庆等暂时"摄阁"，勉维中央政府于不坠。至于政府前途，就要看张作霖、吴佩孚，尤其是前者决意如何安排了。

在双方代表于五、六月间一再磋商之后，彼此决定对"颜阁"暂时维持，而对冯之"国民军"则双方合力加以解决。

此时冯的残部显然是根据冯发自莫斯科的密令，在奉直两军东南两方夹击之下，向西北转移以求自保。冯军西进则首撄其锋者便是山西的阎锡山了。

阎氏自辛亥以后，盘踞山西十余年，自称要把山西建成半个日本。对北京政潮，总是鼠首两端以避祸。他甚至把山西铁道系统建成"窄轨"，不让外省军车进入山西；他在山西非必要时亦不出省。

可是这时我不犯人、人却要犯我。冯部国民军石友三、韩复榘等部于5月下旬，以流寇姿态，侵入大同。眼看雁门关甚至太原都危在旦夕。久踞穴中怡然自乐的阎老西，一时手忙脚乱，乃连电张、吴两帅告急。愿率三晋健卒，同伐冯贼。

阎之伐冯，无他，拒贼自保也。

吴之伐冯者，誓报前年一箭之仇；并图藉机重主中枢也。

张之伐冯者，入关为主，取而代之也。

因此，张、吴、阎、冯，四大军阀，各怀异志；各军将领，谋利求禄，各为其主。把整个华北打得烟雾弥漫、血肉模糊。可怜千万生灵，被这批军阀弄得尸填沟壑，家破人亡，惨不忍睹。

这时华南两广的国民党也正在东征西讨，枪声遍地；汪、蒋二人为争领导权，正彼此勾心斗角。湖南的赵恒惕、唐生智更打得头破血流。驱汪以后的国民革命军，也于此时乘湘乱而北伐。一时中华大地，南北东西，都炮声隆隆。这时的中国，哪里还是个国家啊？！

奉张统一华北的远景

在这华北四大军阀混战之时，四人之中以吴佩孚比较空虚。他虽是百足之虫、死而不僵，但毕竟是强弩之末，众叛亲离，兵力无多。加以他北至南口，南及衡阳，绵延千里，一字长蛇阵的战线，进攻退守均属不易，随时有斩头、除尾和断腰的危险。事实上当他于1926年春应张作霖释嫌修好,共除冯玉祥的密约(见苏锡麟自述,载全国"文史资料选辑"第五十一辑八二页),计划北上讨冯时,他拖在南方的尾巴——赵恒惕的湖南地盘,就被唐生智吃掉了。唐自知无力抗吴,乃投向两广,这便引起了革命军的"北伐",吴佩孚也就首尾受敌了。

至于阎锡山阎老西这位山西"土豪"(章太炎评语),原不是个雄才大略的野心家。他毕生的心愿都集中于维持山西省这个大票号。这一点他也的确做到了。所以对付阎老西,除后来的共产党以外,国民党和日本人都赶他不走。但是为着保持山西这个老巢,合纵连横对他都只是技术性的问题。阎锡山是没有永久的敌人,也没有永久的朋友的。北伐军势力大了,他也可追随"焕章大哥"(冯玉祥字焕章)加入国民党,受命为"第三集团军总司令"的。大同雁门之争,也就忘于脑后了。

冯玉祥在华北虽是个无根军阀,但是他一旦发现了"联俄容共"、"加入国民党"这条新出路,思想搞通,乐不思蜀,南口弹丸之地的得失,对他也无关宏旨了。

至于长江流域那些小军阀,处于四战之区,北边战败则投南(如唐生智);南边战败则投北(如孙传芳);南北相持则舍冷灶烧热灶(如陈调元)。他们本不能掌握自己的命运。再看那些据守西南、西北的边疆军阀。在王纲解纽、中原无主之时,他们就你砍我杀,兼并边陲,称王称霸。但是一旦中原一统,新朝崛起,他们自会奉表称臣,甚至撤藩归政,皆不是大问题。这一套样板戏，已在我国历史上演出了两千余年，此次不过是最后一场罢了。

所以我们民国史发展至1926年（民国十五年）初，局势已十分明朗——南方已逐渐统一于"联俄容共"，以蒋介石为首的国民党政权；北方政权则渐次归并于奉张父子。双方"楚河汉界"，一南一北把神州中分为二。分久必合，要中国重归一统，就要看谁强谁弱，谁死谁活了。

"安国军"成立始末

可是1926至1927年的中国政局的变动是太复杂了。以前美国哥伦比亚大学有位白裔中国史老教授，曾立志写一本书叫"1927年之中国"。他老人家，无征不信，把鸡毛蒜皮弄得太仔细了，写了二十余年，还交不了卷——其实他所写只是南方的半个中国而已。

那时作为"革命对象"的北洋军阀，和他们的北京政府，其复杂情况，亦不下于南部的国共两党。虽然如此，我们长话也不妨短说。

话说冯氏"国民军"鹿钟麟部，为直奉所逼，于1926年4月15日撤出北京，退保南口之后，张学良随即率张宗昌、李景林入驻北京。自此北京便是奉系的天下了。北京政权在军阀时代之更迭，原是形同儿戏的。此去彼来，自有长乐老人随时"劝进"。这次奉系当权,长住北京的一些官僚政客们,也就动脑筋,劝张作霖进驻中南海,出任民国大总统了。

可是张作霖却不愿率尔操觚。他虽然以统治者自居,于6月26日亲莅北京晤吴佩孚。当吴氏主动北上亲自指挥讨冯的南口之战时,张亦于三日后离京。其后便往返于津奉之间,坐山观虎斗。吴佩孚攻南口逾月无功时,老帅始令少帅接手以奉军专长之重炮轰毙国民军万人以上,终于1926年8月14日攻克南口。冯军西遁,华北遂成张家天下。

当南口之战正在高峰时,南方的北伐军也正迭克名城,于7月1日颁布动员令,7月9日"誓师北伐"。8月26日与29日乃发生早期北伐战史上最有名的"汀泗桥"与"贺胜桥"之战。其惨烈情况,当时亲临前线的指挥官张发奎和李宗仁两前辈,曾为余详述之。

贺胜桥防御战的指挥官便是自南口战场仓促南下的吴佩孚本人。吴帅曾手刃退却的旅团长数人,挂其头于电线杆,亦不能阻止吴军败卒的"反冲锋"。

两桥之败,使吴军丧失了全部精锐,也丧失了再战的士气。纵横中原的吴大帅从此一蹶不振;最后还死硬地"不住租界",就只好解甲归田了。

吴佩孚既败,革命军乃兼程入赣入闽。在箬溪、德安、南昌、松口、漳州等一连串的决战之后,也消灭了孙传芳这位苏浙皖赣闽"五省联军总司令"的主力。

吴佩孚、孙传芳,多少年来都是奉张父子的死敌,双方鏖战不停,有胜有败,从无已时。孰知不出数月,这两大死敌竟为蒋介石所彻底击败。这在奉系看来,正可坐收渔人之利。因此老少帅两父子,便要以援孙援吴为借口,挥军南下,重掌苏皖豫三省已失的地盘了。

此时孙传芳率其残部两面受敌,自知非依附奉军,绝难自保,乃于11月下旬单车北上,在天津向张作霖乞援请罪。与少帅约为弟兄;以父礼事老帅。并领衔遍约原奉直皖晋各系旧军阀阎锡山、张宗昌、商震、刘镇华、张作相、吴俊升等十六人,商组全部北洋军阀之联合武力,并名之曰"安国军",以对抗自南方新起的"革命军"。同时向张作霖劝进,公推张为群帅之首,出任"安国军总司令",而以孙传芳(五省联军)、张宗昌(直鲁军)、阎锡山(晋军)副之。

实至名归,张作霖亦居之不疑,乃于11月30日在天津通电就职。12月27日遂移节北京。作霖此次入京,显然以国家元首自居。扈从之盛、戒备之严,均前所未有。专车至前门站抵步时,自前门经正阳门、天安门、西长安街至张氏驻节的西城顺承王府,沿街均用黄沙铺地、净水拂洒,俨然是前清帝王的銮仗。此时笔者先父与诸叔均随祖父小住北京,目睹其盛况。诸叔均为在学青年,归来绘影绘声为我辈孩提言之,至今不忘也。

"安国军"、"革命军"短兵相接

"安国军总司令"的名义给予张作霖无限便利：

第一，他于1927年（民国十六年）初便名正言顺地发重兵南下。东路由张宗昌指挥"直鲁军"循津浦线前进，于3月间进占南京入驻上海。孙传芳军撤往江北。当革命军在白崇禧、何应钦、程潜等指挥之下，于同时进入沪杭宁三角地区时，"安国军"和"革命军"就短兵相接了。

"安国军"西路则由张学良于二、三月间指挥奉军主力率重炮七十余尊，循京汉线南下，进占郑州，沿途有零星直系部队不听命归附者，则予以缴械。吴佩孚两面受敌，不得已西窜四川，依附杨森，京汉线上的奉军与革命军也就要正面接触了。

在奉军（包括"直鲁军"）于东西两线代替了孙吴两军之后，乃与北伐的"革命军"两面作战。在沪宁，以及津浦线上的张宗昌，虽不战而走。在西线上的张学良、唐生智、张发奎的争夺战，却是十分激烈的。

1927年5月，两军相遇于豫南之驻马店、郾城、周家口一线。奉军以其国际驰名的"七十尊重炮"，排轰张发奎。六十余年过去了，去年张汉公与笔者谈及此役，犹眉飞色舞不止；而小子何幸，三十年前亦尝与张大王（张发奎在军中的绰号）详谈驻马店之战。大王深许奉军重炮为其"铁军"北伐中第一号劲敌。然大王也告诉我说："他们那时简直不敢开炮！"为什么呢？张说："那时我们革命军士气最旺。——我们在前线，敌方哪个炮声最隆、机枪最密，哪个地方就是我们冲锋的对象，所以他们不敢开炮。"

总之驻马店和郾城之战，奉军吃了败仗。当张发奎乘胜攻入郑州张学良的司令部时，在学良办公桌上发现有敌将"留交张发奎将军"一封亲笔信。大意说，英雄识英雄，是好汉，将来"抗日战场"上再见。向华（张发奎字）莞尔纳之。去岁汉公与我谈及，也证实有此"留函"。这也可看出他们那时内战双方的心境。

50年代中，张发奎数访台湾，曾违禁约访幽居中之张少帅。二人互道仰慕之忱。杯酒联欢，一笑泯恩仇。当年驻马店一带的数万冤魂就算是白死了。

老帅升级为国家元首

安国军总司令的名义给予张作霖的第二项便利，就是他不必再"挟天子、令诸侯"了。他已是事实上的"天子"。只要把名位稍作调整，再作点姿态以赢得列强驻华"公使团"的承认（这是那时军阀政府的必要条件），他就可正位做"天子"了。1927年4月6日，也是南方国民党"清共"运动蓄势待发之时，张家父子在北京也取得了"公使团"的支持，一举包围苏联驻华大使馆。搜查之后，逮捕了国共两党地下领袖六十余人。略经审判，竟将李大钊等中共党员二十余人判处"绞刑"，并将所搜得的中俄文资料编纂成"苏联侵华阴谋文证汇编"的巨帙，公诸世界，赢得苏联以外各帝国主义驻华公使的一致喝彩。在各公使支持之下，张作霖便正位为中华民国的正式元首了。

6月18日，在原"劝进"人士继续劝进之下，张作霖公布"军政府组织令"，成立"中华民国军政府"，并且出任军政府"陆海军大元帅"。原摄政内阁总理顾维钧呈请辞职，由潘复继组"军政府内阁"，诏告世界。

张作霖以中国元首之尊，在就职之日亦循古帝王及近总统旧例驾莅"天坛"祭天。正当大元帅手捧金爵向苍天喃喃祝祷之时，不意失手，金爵坠地，爵扁酒流。闻者咸认为是不祥之兆；至少也是美中不足。——此一小插曲为当时卸任总理的顾维钧先生60年代初在纽约告我者，当非虚语。

国共两党的内讧

在张作霖出任"大元帅"之后，北方的军阀中国，尚能粗安，而同一时期长江流域和华南的国民党统治区，则天翻地覆。

原来国民党在北伐初期占领武汉取得相当胜利之后,党中部分军政领袖便认为革命军总司令蒋中正权力过重,为防止军人独裁,应设法加以抑制,乃发生了"倒蒋"的暗潮。迨革命军于1927年初底定沪宁以后,此一暗潮则逐渐蜕变成国共之争。盖共产党原亦在"倒蒋"阵营之中,而上海一带之金融界所谓"江浙财团"者,则由于社会性质上之反共,乃转而"拥蒋"。致使国民党分成左右两派,势成水火。而共产党乃成为左派之左派;蒋氏则成为右派之右派。你死我活乃势所难免。迨汪精卫于4月初自苏联归来——汪蒋原有"中山舰事件"之宿怨,至此旧恨新仇,一时俱发。加以苏联之第三国际及上海的江浙财团各自暗中助阵,乃演成"宁汉分立"。蒋氏在右翼军头桂系将领公开协助之下,一不做、二不休,乃发动"四一二事变"之"清共运动"。一时人头滚滚,国共合作期中之"跨党"菁英,一时俱尽。即上海一地跨党分子之死难者即不下万人。共产党高级领导人周恩来,在上海亦几遭不测。因此国共第一次合作五年之成绩,至此全付东流。

南京"清共"不及三月,武汉以汪精卫为首之左派国民党,为争夺上海财源,亦继之以"分共"(见陈公博自述)。国民党即全部右转,而共产党亦一不做、二不休,索性向极左发展,乃有八一之"南昌暴动"和继之而来的"秋收起义",乃至1927年底之"广州公社"。

党纲解纽,则枪杆至上。在国民党统治区内,吾见桂系"逼宫"、蒋介石"下野"、龙潭血战、李宗仁讨唐、张发奎讨桂、李济琛讨张、"铁军"自杀、汪精卫逃亡……一连串数不尽的事变。国共两党皆自顾不暇,"北伐"也就无形中断了。北伐中断,也使北京的张作霖做了半年的太平大元帅。

阎锡山估计错误、傅作义死守涿州

但是1927年的国民党虽自戕太过,毕竟改组未几、党员年轻,腐化未透而冲劲犹存。它经过半年的折腾,至1928年初蒋中正又偕新婚夫人宋美龄回到南京,复任国民革命军总司令,实行二次北伐。

在二次北伐中,他虽失去猛将张发奎、唐生智、贺龙和叶挺,但是却增加两支北洋军——冯玉祥和阎锡山。

玉祥于1926年自苏联返国后,乃整饬旧部国民一二三军为"国民联军",自任总司令,于9月17日"誓师"五原,宣言接受三民主义,效忠国民党,旋即率部入陕。1927年夏当奉军战败撤出河南,武汉部队亦自郑州班师企图"东征"蒋介石之时,冯军乃重入河南。6月10日冯氏与汪精卫、唐生智等开"郑州会议",接防郑州。旋即奉蒋总司令电召,于6月19日东去徐州与蒋中正、李宗仁等举行"徐州会议"。斯时宁汉之战已箭在弦上,双方班师,无暇北顾,陇海西段乃重入冯军掌握。至1928年初,蒋总司令复职,北伐军改组时,冯已拥众四十万,虎踞中原,乃受命改称"国民革命军第二集军",遵命北上讨奉。

至于阎锡山,他原为安国军中劝进分子之一,并荣任安国军副司令,然见北伐军势盛,阎亦于1926年底遣密使赵戴文往南昌见蒋,愿加入革命军。惟迟至1927年春,阎氏仍不敢表态,以南蒋北张,胜负莫卜也。迨张学良败于郾城,撤出郑州,革命军北伐势如破竹,阎锡山迫不及待,乃易帜自称"国民革命军北方军总司令",遣猛将商震北入绥远,进据张家口;傅作义东进直隶,占领涿州。阎氏原来腹案是配合北伐军,抄奉军后路,先入关者为王,乘机占领北京,而国民党内讧,革命军两路班师,回长江两岸,另打内战,则非阎氏始料所及也。

张学良斯时虽败于革命军,而晋军则远非其敌手。学良乃回师围傅作义于涿州;邀击商震于察绥之间。商震败绩,奉军尾追入晋。阎老西偷鸡不着蚀把米,一时救援无人,全省大震。所幸傅作义坚守涿州为三晋屏障。涿州不失则山西可保无恙。学良乃调集重炮,誓拔涿州。一时弹下如雨,全城尽毁。古人所谓"负户而汲,掘鼠煮筋",莫过于此。守城晋军与涿州居民,伤亡几尽,而作义坚守不降。奉军积愤乃至动用毒瓦斯炮弹,亦不能奏效。自1927年10月15日至1928年1月6日,傅作义一守三阅月,实是今之所无,古之鲜有。作义一战成名,中外舆论均为之喝彩。迨弹尽援绝,最后接受奉军和平条件时,国内政局已面目全非——蒋总司令复职,二次北伐正整军待发。未几阎锡山便受命为"国民革命军第三集团总司令"，与白崇禧、冯玉祥两军比翼前进。奉张以寡敌众，力有不胜，老少帅便要考虑退路了。

皇姑屯事变

国民革命军于1928年春继续北伐时，原分四路出师直指京津。何应钦率"第一军团"循津浦路北上。除在济南为日军所阻，引发"济南惨案"之外，"直鲁联军"未多抵抗便退往直隶（旋改名"河北"）。冯玉祥的"第二集团军"则于津浦、平汉两铁路之间自新乡向北推进。白崇禧则率"第四集团军"之一部（原唐生智旧部，经桂系收编者），循津浦线北上，直迫保定、北京（北伐后改名"北平"）。阎锡山之"第三集团军"则循年前旧路，东出娘子关，北出大同，抄奉军之背，向北京作大包围。在此军力悬殊、大势已去的情况下，奉张父子唯一的出路便是在北京逊位让贤，回师东北，再作打算了。

据张学良将军近年告诉我，他在1927年夏季自郑州班师时，便决定力谏老帅，停止内战。盖连年杀伐，他耳濡目染，觉得内争太无意义而老百姓受祸也太深了。尤其是他在郑州登车返京时，在车站上遇一家破人亡的老者，少帅细询之下，竟与之相对流涕。张学良那时不过二十七岁，还是个血性青年。这位老人的故事，触发了他潜在的良心——他自觉不能再做个祸国殃民的青年军阀。回到北京之后，乃泣谏老父全师出关，内战绝对不能再打了。至于后来的涿州之围，也实在是晋阎投机所惹出来的，也是他奉父命的结果。

在学良力劝之下，老帅也迫于现实，他父子乃于1928年5月决定全师出关。可是他父子这一决策，却忽视了那把他们家乡早已视作禁脔的日本帝国主义了。

当时日本田中内阁对我东北的侵略设计，则为增建五条有战略价值和经济利益的铁路。为此"五路建设权"，日政府一直在逼迫张作霖正式签约，而张是个爱国的硬汉子，对日本这项要求，始终"软磨、硬泡、死拖"，永不立于文字。

可是日本在华的"关东驻屯军"对我东北的阴谋那就更进一步了——他们要设立个傀儡政权，使东北永远脱离中国。如果张作霖不是个适当的傀儡，那就杀张而另选之。所以张作霖出关之前，媒体中已有日本要扶持张作霖做"大辽帝国皇帝"的传闻。不幸的是我们这对父子档老少帅，都是雄才有余而大略不足的英雄。他二人始终不把日本阴谋看得太严重，并有一种"谅他不敢"的糊涂自信心——皇姑屯如此，"九一八"亦然。因此当老帅于6月3日在北京专车返奉时，竟坐上前西太后的御用专列，堂而皇之，浩浩荡荡地开往奉天。如此，日本人若有意杀他，那就是插标卖首了。果然于6月4日清晨5时30分，皇姑屯一声爆炸，张老帅就应声殉国了。

从以美为师到以俄为师

张作霖之死，不用说在近代中国也写完军阀混战史的最后一页。笔者作此长文的目的，也是想把皇姑屯事变前三四年之间，最复杂的军阀混战的故事清厘一番。如此，不特使一般读者对军阀故事略知始末，也可为"九一八事变"铺陈点历史的背景，以乞教于方家。

拙篇若有余事足记者，则是对"军阀"这一万恶名词，亦未始不可略作反思。

张作霖"军阀"也，然作霖竟以拒签"五路条约"而死国。吴佩孚亦军阀也，然其"不住租界"，狷介一生。据说，最后亦以誓不事敌而招杀身之祸。张宗昌军阀中之最下陈者，然济南惨案前，亦尝坚拒日军化装直鲁军以抗南军之要求。大节无亏，均足垂名青史。

以故所谓"军阀"者，固不可一概而论。盖我国近代史的发展，从中古社会走向现在社会，实有其极显著的"阶段性"。舜犹人也，各阶段的英雄豪杰，都是各该阶段的特殊产品。各阶段有各阶段的通性，各阶段亦各有其贤与不肖。非此阶段人物多属圣贤，而彼阶段（如军阀时代）所产者，尽属不肖也。治史者"秉笔直书"，绝不可先有成见而一竿打翻一条船也。

再者，各民族国家（尤其古老文化如中国者），均各有其不同的历史发展之背景。"特性"往往大于"通性"。我国所特有的"国家强于社会"和"中央集权"的帝王专政制度,自秦汉以降,虽算不得是个"好"制度,然亦不失为农业社会中"有效用"(Functional)的制度,故能一拖两千年,至今不衰。然此一制度在现代化的工商业社会中则失其"效用"。以故我国近百年来现代化运动的主要目标,一言以蔽之,便是在寻找另一个"有效用"的新制度,为长治久安之策,如此而已。

自中山革命之初,由"同盟会"至民初"国民党",吾民族所向往之新制度,实为"议会政治"、"三权分立"、"司法独立"、"总统制"等等之美国模式也。一切以美国为师。然20世纪初年(甚至中期以后)之中国,却无实行"美国模式"的任何条件。因此"总统"也,"国会"也,搞了十来年,至张作霖组织"军政府",即证明早年"美国模式"在中国的彻底破产。"军阀政治"(Warlordism)者,此一美国模式破产之并发症也。

孙中山先生,圣之时者也。1917年(民国六年)以后,见列宁革命成功之新经验而"顿悟",而"大彻大悟"。他深知"中国革命若不以俄为师,断无成就"!自此我们寻找新制度的方向就转向"俄国模式"了。

长话短说,中山逝世后的六十年来,"中国革命",若有若干"成就",均中山遗教,"以俄为师"之结果也。然前段已言之,中国现代化运动之发展,是有其显明的"阶段性"。各阶段有各阶段的贡献,各阶段亦有各阶段的极限,不可毕其功于一役也。"以俄为师",一重要"阶段"也;但是也只是一个"重要阶段"而已。此一"阶段"一过,若吾人但知墨守"旧师"、"先师",而不谙"出师"、"求师"之道,则在下一"阶段"中,就必然要落伍了;要做"新阶段"的革命对象了。

然"出师"之后,何择何从?今后"求师"之山门又在何方?事属"未来",治史者则不愿多言矣!

1991年7月29日于北美洲

花花公子·政治家·军事家
论三位一体的张学良将军[1]

在五光十色的中国近代史中,在百余年当政者的公私生活和政治成败的记录上,最多彩多姿的领袖人物"少帅"张学良将军,应该是独占鳌头了。他那带有浓厚传奇性和高度戏剧化的一生,在民国史上老中青三代的领袖中,真没有第二人可与其相比。尤其是他政治生涯中最后一记撒手锏的西安事变,简直扭转了中国历史,也改写了世界历史。只此一项,已足千古,其他各项就不必多提了。

去年我曾看过一部叫做《少帅传奇》的电影。那显然是由于各种客观条件的限制,这部电影里的传奇故事比起少帅传记里的真实故事来,恐怕还要逊色呢。少帅实际生活的传奇性,似乎要比传奇电影里的传奇更富于传奇性!

张学良本来就出生于一个富于传奇性和戏剧化的家庭里。他父亲"老帅"张作霖便已很够传奇了,他由一个东三省的

---

[1] 原载《传记文学》第五十四卷第一期,系作者为傅虹霖《张学良的政治生涯》所作书序的删节稿。

"胡子"，那个比小说书上的"梁山英雄"更富戏剧性的真实的草莽英雄，在满清时代由落草剪径，到抗俄抗日、招安立功、升官发财，而出长方面。他所长的"方面"，竟比西欧英法德奥诸列强的联合版图还要大得很多！

既有方面之权，作霖乃起而逐鹿中原，终成短期的中华之主，当上了北京政府的"大元帅"——当时中国正统的国家元首。学良便是这样一位不平凡的"胡子"的儿子。他也是在草莽中诞生的，嗣后跟随乃父，水涨船高，竟然做了军阀时代的中国"末代皇帝"的太子。

张大元帅由于秉性忠烈，不可能做汉奸，因此不为日本帝国主义者所容，终于兵败之后，为日人所暗算而以身殉国。这一段简略的老帅传记，本身便已足够戏剧化了；那时曾有意侍候老帅，终于变成少帅顾问的顾维钧博士，就曾经告诉我一个真实而富有戏剧性的故事：作霖于1926年6月15日（应为1927年6月18日）就职中华民国军政府陆海军大元帅时，曾举行一次历代帝王和历届民国总统都循例举行的祭天大典。当张氏正在天坛之中捧爵而祭，并喃喃祝福之时，孰知一不小心竟把这金爵摔落地上，爵扁酒流，使大元帅惊惶失措，与祭者也都认为是不祥之兆。

其后不久，那批在北京以专才身份待业待诏的博士帮，包括顾氏自己，可能还有王宠惠、颜惠庆、施肇基等一群，日长无事，结伴行街。他们曾戏以张大元帅的生辰，冒为一无名老人的八字，请当时知名北京的一位相士代为算命。这相士把八字一排说,这个命贵则贵矣,只是现在他已是黎明前的"电灯胆",马上就要熄灭了。"电灯胆"便是北京土话中的电灯泡。在那电力不足的北京,黎明前的电灯胆是特别明亮的。可是不久张氏这个明亮的电灯胆,便在皇姑屯熄灭了。

这一故事是顾氏在海牙做国际法庭法官,返纽约向我口述其《顾维钧回忆录》,和我一道午餐聊天时亲口告诉我的。这位国际法庭大法官,那时没有向我捏造这一故事的必要。我之所以提出这些小故事,也只是帮助说明张作霖、学良父子的一生,是多么富于传奇性罢了。

张学良自己在其所撰写的所谓《忏悔录》中,也曾说明他昔日从政的缺失,是在识蒋之前一辈子未做过"任何人部下,未有过任何长官",他只跟他的"先大元帅"做了多少年的少帅,而这少帅却是从一个花花公子开始的。

张学良可能是中华民国史上最"花"的花花公子了。但是治民国史者也不能否认他是一位统兵治政的干才。把个花花公子和政治家、军事家,分开来做,则民国史上实在车载斗量,没啥稀奇;可是把这三种不同的行业,拼在一起,搞得三位一体,如鱼得水,则学良之外,也就真的别无分店了。少帅张学良之所以成为历史性的传奇人物,其难就难在这个三位一体了。

论倜傥风流、挥金如土,上开飞机、下驾汽车,左拥右抱、女伴如云,而莺莺燕燕之间,中西兼备——连法西斯霸主墨索里尼之千金，亦在少帅腻友之列，则少帅实非小说书上任何风流小生所能望其项背了。

汉卿、汉卿，我国近百年来的凤子龙孙、高干子弟，生活糜烂不堪的，也是成队成群了，但是哪个能和你相比？老实说，汉卿吃喝玩乐的记录，真正有钱有势有貌有才的邓通潘安也不难做到，而难的却是大厦既倾、树倒猢狲散之后，仍有红颜知己，舍命相从，坐通牢底，生死不渝。——这一点纵是《红楼梦》里情魔情圣的贾二公子，也无此福份，而汉卿你却生受之，岂不难能可贵？我们写历史的、看小说的阅人多矣，书本上有几个真假情郎比得上你？

一荻、一荻，你这个"赵四"之名，也将永垂千古。在人类可贵的性灵生活史上，长留典范，为后世痴男情女，馨香景慕。睹一荻之痴情，羡汉卿之艳福，读史者便知，若汉卿只是个酒色之徒而非性情中人，他哪能有这个美丽的下场。——花花公子不难做，但是古今中外的花花公子，有几个不落个丑恶的、难堪的结局。漫说是像张学良这种大头头了，读者闭目试思，在你所亲见亲闻的酒色之徒中，有几个不凄然而逝？红颜知己，学生战友云乎哉？

赵一荻，我们历史家也替您喝彩！

至于张学良将军是个军事天才，我们读史者亦不能反证其非。

学良才二十出头，便指挥数万大军，南征西讨。年方二十六便官拜北京政府的"良威上将军",与吴佩孚等老帅同列。——正如他自己所说的,"未足而立之年,即负方面,独握大权"。

当然学良的大官大位是与他"有个好爸爸"分不开的。但是他那个好爸爸也幸好有这么个好儿子。学良是他的"先大元帅"麾下不可或缺的助手、智囊和副指挥。他们的父子档,正如京戏舞台上所创造的"杨家将"。没有这个儿子,则张老令公的光彩也就要逊色多了。没有这个儿子,老令公于"碰碑"之后,余众也就统率无人了。

少帅的崛起,确是由于传统的宗法关系而扶摇直上的;但是专靠这点血缘关系,便"负方面,独握大权",雄踞一方,足为西欧各国之共主,也是做不到的。关于这一点,公正的历史家,自有清楚的交待,读者可细玩之。

张学良最难能可贵的,是他在情场、战场之外,也有其政治家的节操与风范,和青年爱国者的热血。他在二十来岁的青年期所具有的现代化的政治观念,已非老帅所能及。"年未而立,即负方面,独握大权"之时,竟能在日俄两大帝国主义环伺之中、守旧派元老将领压力之下,义无反顾,归顺南京,幡然"易帜"。

须知,学良于1928年底的易帜,与中国内战史上的"势穷来归"或"变节起义"是截然不同的,在三千年的国史上也鲜有先例。东北当局当年处于日俄夹攻之中,据说南京策士曾有"以外交制奉张"的建议。其实反过来说,"奉张"又何尝不可"挟寇自重"呢？在中国边界史中，安禄山、石敬瑭、张邦昌、吴三桂和后来的盛世才，不都是好例子？学良何尝不可依违其间，待机而动呢？但是学良不此之图，偏要易帜归顺，促成国家统一，最后招致日俄二寇，南北夹攻，终使他独力难以为继。再者，张少帅亦未尝不可师当年李鸿章以夷制夷之故技，联俄以抗日，亦联日以抗俄，于二寇均势中，自图生存。而学良亦舍此老例不顾，却（如他自己所说的）"不自量力，拟收回北满权利"，挥师"抗俄"，作了个希特勒式冒险之前例，对南北二寇，两面开弓。结果力有不敌，终于弃甲曳兵而走。或问学良当年何以见不及此？答曰无他，一股青年热血沸腾而已。那时少帅还不过二十九岁，满腔热血，他如何能向那老谋深算火气全无的老官僚李鸿章看齐呢？

关于这一点，我们读历史的，月旦人物，就要看当事人的动机，而作其"诛心之论"了。学良当年既拒日又抗俄的干法，实在是一位少年气盛、忠肝义胆的民族英雄之所为，与当时那些私心自用，假抗敌之名行投机之实的军阀、官僚、文人，实无法相比。古人说，忠臣必出于孝子之门。盖人之异于禽兽者。便是不同的禽兽，各有其独特的物性，如虎狼之残暴、乌鸦之反哺、鸳鸯之爱情等等。这种不同的灵性，人类却兼而有之。只是人类各个体，偏向发展各有其不同程度罢了。世人之中君子小人之辨、爱情色欲之别、贪婪廉洁之分……也就在此。吴三桂说，父不能为忠臣，儿安能为孝子。事实上一个人在天赋性灵上，不能做情种，又安能做烈士。——于此我们也可看出，张学良青少年时期的那股血性。明乎此，则我们对"赵四"为爱情而生殉的感人故事，便也觉得没什么费解了。

显然的，张学良青年期的血性，和他不愿做帝国主义傀儡的骨头，也是引起"九一八"事变的基因之一。今日史家已完全证实，"九一八"事变是当年日本朝野蓄谋已久的行动。老实说，那也是"北伐"以后，蒋李冯阎三年内战的必然后果。事变既发，张学良之"抵抗"与"不抵抗"，是不会改变事变之结果的；而况他的"不抵抗"原是奉命行事。背了这"不抵抗"三字的黑锅，在当时真是"国人皆曰可杀"。而张氏为此三字之冤不辩一词；并从而戒烟去毒，浪子回头，洗心革面，知耻近乎勇，却是很难能可贵的。

最后，我们就要谈到那震惊中外的西安事变了。西安事变，这件历史事实，今后恐怕要被史家争辩一千年而终无定论。但是，事变中的若干史实也是无人能够否认的。

第一，事变之发动是基于张学良对国难家仇的义愤。他反对内战，主张枪口向外，是绝少、甚至完全没有考虑到私人利害的。在学良看来，北伐之后，他为谋求国家统一，不惜自弃历史，毅然"易帜"，归顺中枢。如今外患急于燃眉，蒋公必欲置中共全军于死地，不灭不休，毋乃太过。学良口劝不动乃贸然实行兵谏，希望蒋公不为已甚，张氏这种心理基础，盖亦为史家所不容否认者。

第二，西安事变之发生，建议为杨，主动为张。迨至骑虎难下之时，学良"问计无人"，致使精明而识大体的周恩来变成"谋主"。不过话说回头，西安事变之受惠者，也不全是中国共产党；中国国民党乃至蒋公本人也未始无实惠。盖西安无变，则蒋氏之剿共战争，以蒋之个性，势必坚持到底。然证诸世界各国近代史之各种实例，这一剿共战争，将伊于胡"底"，实无人可以臆测。野火烧不尽，春风吹又生。古人说，扬汤止沸，莫如去薪。共产党有群众有理论，不谋釜底抽薪，专求扬汤止沸，是消灭不了的。而专靠枪杆来剿共，就是扬汤止沸。何况外患紧迫，大敌当前，有谁能保证，一把野火就把共产党烧得死灰不燃？所以西安事变，未始不是国共之争的光荣收场。

再者，西安事变之圆满解决，对当时南京政府也提供了"全国统一，一致对外"的抗日战争的必要条件，因而提早了全面抗战。根据当时国民党"攘外必先安内"的既定政策，没有西安事变，则国府对日还得继续"忍辱"，而忍辱又伊于胡"底"呢？以当年日本侵华的气焰来推测，南京之抉择在"抗战"、在"忍辱"，其结果并无轩轾。所不同的只是：抗战者"玉碎也"，忍辱者"瓦碎也"。欲求"瓦全"不可得也。如果没有个西安事变，而国民党一再忍辱而弄出瓦碎的结果，则蒋公与国民党在中国历史上，将奚止"身败名裂"而已哉！所以西安事变对蒋公对国民党，也是塞翁失马，焉知非福。

总之，抗战八年，实是我国家民族历史上最光荣的一页。

兄弟阋于墙而外御其侮，这句古训，在抗战初期，真表现得刻骨铭心，为后世子孙，永留典范。笔者和一些老辈读者们都是有亲身体验的过来人。我们那时亲眼见到蒋公和国民党的声望，全民仰止，真如日中天。这点史实，任何公正的历史家，都不会否认。如果没有西安事实，没有全国的大一统，没有惨烈的武装抗战，则人事全非。一个独裁专政的领袖和一个忍辱含羞的政党，在历史舞台上以何种脸谱出现，我们写历史的人就很难妄测了。

蒋公和国民党，当时有此声望，有此契机，好好搞下去，正是天降大任，民赐良缘，来复兴民族，重建国家。谁又想到八年苦战之后竟落个派系倾轧、五子登科、关门自杀的局面，这又是谁之过欤！？若说没有西安事变，国民党便可把共产党完全消灭，以后纵使贪污腐化，你倾我轧，仍然可以安享其锦绣河山，荣华富贵，把人民当阿斗，恐怕也是痴人说梦吧！西安事变提早全民抗战是真，使反对派的中共因此壮大也不假，但是说它毁灭了国民党在大陆的政权，那就过甚其辞了。

张学良将军的赤子之心[1]

二次大战后影响历史研究最大的一门学科，便是由杜威大师开山的"行为科学"（Behavior Science）了。这宗新学派的论学主旨则是"个性决定行为"。其"决定"的方式则是通过一种 S-R 或 S-O-R 程序，也就是"刺激—生机—反弹"（Stimulus-Organism-Response）连续反应的运作过程。这一过程的发展也是有其等级的：如果这一个性所决定的行为的行为者是一介匹夫，则其行为的结果（Consequences）就只限于一家之内；如果他是官吏或教师，其影响便及于社会；如果他是个秉国政、掌重兵的大人物，那就牵涉国计民生了；更上层楼，他如做了世界级的伟人，不得了，他的个性所决定的行为就关系全人类的生死存亡了。

如今天与人归，由张岳公资政所领导发起、群贤共祝九秩大庆的汉卿张学良将军，便是这样一位世界级的历史伟人，他

---

[1] 原载《传记文学》第五十六卷第六期。

的个性所决定的行为，就关系全人类的祸福。事实上，他那颗火热热的、老而弥笃的赤子之心所铸造的个性，再通过S-O-R的过程所"反弹"出来的社会行为，就部分地改写了20世纪后期的世界通史，也通盘地改写了同一时期的中国近代史。我们搞近代史专业的史学家，如今面对这样一位重量级的历史制造者，执简在手，又怎样去秉笔直书呢？

传统史学中的"春秋之义"

老实说，上述西方这宗最新的学问，和我们东方最古老的孔孟教义，基本上是殊途同归的，至少两者之间并没有原则上的矛盾。只是行为科学家只泛论人类社会行为变化之通则，内涵是抽象的，没有涉及个性或人性善恶的具体问题；而我国儒法两家社会哲学的出发点，则基于具体的人性之为善为恶的问题。其实善恶的标准是人类智慧主观地制订的，人性因此也是善恶兼具的。君子小人之别，只是两种"七分天赋、三分环境"所养成的不同的人品罢了。

可是从实际政治运作的观点来看，则有为有守的君子之间，亦何尝没有误国之士；无所不为的小人之群，也每有治国用兵之才。既然这样，我们观察历史人物，又如何落笔呢？所以我们传统史家乃有所谓"春秋之义"，就是把他们的动机与效果分开，不以成败论英雄。历史人物如动机纯正、心际光明,则是国之瑰宝、民之圣贤,行事偶有差池,史家亦只"责备贤者"而已,无伤大节。反之,小人当国,则不论成败都是史家口诛笔伐的对象了。

曹操说:"天下无孤,不知几人称帝,几人称王。"他对安定汉末那个动乱社会是有其功勋的,但是曹操却永远是传统史家笔下枭雄小人的代表。重视动机、藐视效果,斯之谓"诛心之论"——其功不可没,而其心可诛,则终不足取也。我国传统史学上这点臧否人物的道德标准,是值得我们承继的。

不过传统史学毕竟落伍了。它那衡量忠臣孝子的尺码,已嫌陈腐;它那知其然而不知其所以然的研究方法,也不够科学。这就需要我们用现时新兴的社会科学的法则来加以补充了。所以我们要把我国当代世界级的民族英雄在国族历史上试为定位,那我们就得把古今中外历史科学的法则与观念摊开来比较研究一番,不偏不倚,才能粗得其平。

所以我们如以"春秋大义"来观察张学良将军,他实在是一位动机纯正、心际光明、敢作敢为、拿得起放得下而永不失其赤子之心的爱国将领。就凭这一点,当年假抗日之名行营私之实、其功未必不可没而其心实可诛的军人、政客、党人、学者,在中国近代史上,就不能跟张学良这样的老英雄平起平坐了。

再从当代行为科学研究的规律着眼,则少帅当年的政治行为和心理状态,亦无一不可于"刺激—生机—反弹"的通则上找出科学的答案。这是一门社会科学与自然科学(如心理学、生理学等）交配的新品种，不是历史学家可以胡说八道的。

总之，张学良将军早岁的显赫和晚岁的恬淡，都发生于一个"最后之因"，这个"因"便是他个性上有颗赤子之心。这颗赤子之心，经过 S-O-R 的反弹化为行为，是可以翻天覆地的。那是少帅当年道德上的长处，但它可能也是少帅职业上的短处啊。

永不褪色的赤子之心

朋友们或许要问，张学良有颗永不褪色的赤子之心，何所见而云然呢？答曰，正是有所见而云然！

事实上是，赤子之心，人皆有之；只是基于上帝安排，人各有其多寡罢了。张汉公可能要比一般人更多一些。这是上帝恩赐，不可强求。

事实上，赤子之心，也是人皆失之；只是失去者有早晚之别罢了。而张汉公则保留它至九十高龄而未褪色，这或许就是环境的关系了。赤子之心为何物也？想读者群中善男信女都能详道之，不多赘了。只是失去赤子之心的人，应以政客为最早。盖政治最复杂、最诡谲，吃那行饭的人，童心就不易保留了。可是张学良也是吃那行饭的大头头，他竟然年跻九十而有其赤子之心，岂不怪哉？

其实细细推敲一下就没有什么费解了。行为科学的 S-O-R

就足为我们详述之：张汉公虽然"年未而立，便负方面，独握大权"，俨然一位政界大头目，但是他却没有学会怎样做政客！他没有做政客的必要嘛。因此他在这个 S-O-R 的连锁上就缺少了这个做政客的"S"，自然就没有"O-R"了。且看他生为"阃内"，幼为"王子"（东北王之子），稍长"便负方面"，当行伍出身的老奉系搞不下去了，在现代化了的新奉系中，少帅就是事实上的一系之主，何待于老帅殉国之后呢？他上无其心难测的上司，中缺争权夺位的同僚，下面多的是忠心耿耿的死士部属；日常行政处事，一切为国、为民、为公、为系，也就是为着自己。他没有搞勾心斗角之必要，因此他也就没有做小政客的历史磨炼了。

汉公真正地卷入政治漩涡，盖在"九一八"之后，而他的对手又是三位当时中国政坛的第一等高手，所以少帅就开始吃亏了。西安事变之后，张副司令亲送蒋中正总司令返南京。冯玉祥闻之叹曰："少不更事！"这位姓冯的"把兄"（冯、张原有金兰之盟）就不知道他那年轻的"把弟"原不是个官僚政客嘛。

人生短短百年，总应留得清白在人间！

唯大英雄能本色，是真名士自风流！吾为张学良将军作期颐之祝。

1979 年 5 月 28 日，匆草于台北

敬悼张学良将军"旧"诗一束[1]

序

距今十年前，不才承张学良将军宠召，曾在台北北投张府，不时饮宴，并承垂询有关"口述自传"之诸多史学问题，盖耄年少帅颇有意为盛年往事，略作纪录也。长者健谈，而笔者亦善听，相濡甚乐。不意斯时台北政要，亦正为张公筹备九秩嵩庆，并借机昭告世界：当年西安事变之余波，至此已正式结束矣。该项庆典，发起者九十人，汉公欲余列名其中，而不才自知久居异国、人地生疏，力辞不得，终于遵嘱附骥，并戏撰打油诗十数首，作秀才人情，为将军寿。张公批览诗稿后，私告我说，此种作品暂时不宜公开，将来可于所撰文稿中，渐次披露之，并嘱余另草一短篇散文，"见报应景就好了"。乃遵嘱改诗为文，并为台北《联合报》社长刘昌平兄取去，刊之报

---

[1] 原载《明报月刊》2001年11月，有删节。

端,以应景随喜,此诗稿遂未再用。其后张公为盛名所累,两岸争喧,而清静无尘之治史环境,遂一去不复返矣。

岁月不居,哲人遽萎,昨承《明报月刊》诸执事,专电为少帅之丧组稿,及于下走,缅怀遗泽,感慨何如?事忙人老,无以为应,忽忆及破笈之中,尚余有此旧诗稿,或可刊出,以为纪念。只是原为华封三祝之词,而十年之后,竟化为匍匐一刍之献,空垄悬剑,不胜其无常凄恻之情云耳!

生辰

将军生于1901年,正八国联军侵华时也。

东省昔年尊二帅,南疆今日寿千觞,

生逢八国侵中国,长爱红装伴武装。

少年时自况诗

后两句为张氏二十八岁时,军次保定,所撰之自况联,时曾传诵海内。

争夸总角有英名,骊句联辉掩甲兵,

"两字听人呼不肖,半生误我是聪明"。

破吴佩孚军于秦皇岛

1924年二次直奉之战时,破吴军,尽俘其众,吴泛海,仅以身免。

浮海惊逃上将舟,秦皇降卒不胜收,

贻书洛帅休惶愧，内战从来两下流。

青楼传捷报
破直捷报传诵青楼。
报捷千军鼓角噪，卷帘十里笑声喧，
红裳翠袖争传语，主帅原来美少年。

焚卷
1925年郭松龄倒戈身灭后，得部将通敌函数十封，尽焚之，未尝启阅也。三国官渡之战时，曹操亦尝有类似焚卷故事，故云。
俯看江水漫金山，潮落潮平指顾间，
撼树蜉蝣终自灭，也曾焚卷笑阿瞒。

留书张发奎
与北伐军战于中原，班师时留书南将张发奎，期以抗日战争时，并肩作战。
共识内争无宿怨，同仇外侮有新盟，
留书来将须珍重，异日防倭是弟兄。

皇姑屯事变
老帅殉国于故西太后专车中，少帅继统奉军，乃与蒋总司令通款曲。

免煎箕豆好还乡，太后车中痛国殇，
御寇筹边有季子，转旋藩幕向中央。

倭使诱降
日本特使林权助阻将军易帜，极尽威胁利诱，张氏告以，"你忘记我是中国人"，林权助始辞穷。
东来倭使最喧哗，币厚辞甘百宠加，
面语辎轩忘一事，封疆原即是中华。

用"谒延平王祠"诗原韵
武纬文经志却胡，朝为飞将暮稚儒，
换旗岂为尊民朔，确保辽东入版图。

"九一八"事变
事变时，将军自云对敌情判断有误，盖以敌军只在制造事件，借机挑衅也。二战时麦克阿瑟将军撤离菲岛时，有"我将返来"之名言，沈阳事变时，张也说过。
燕云席卷走惊雷，错把和戎作剪裁，
麦帅名言非第一，当年早说我将回。

蓝衣社最高推行者
将军于1933年解甲游欧，深叹德意两国复兴之速，归国组织"四维社"，拥蒋公为领袖。

燕赵山河一柱撑,片言半日解簪缨,
欧游真足增人智,愿奉元戎作北辰。

《忏悔录》原委

世传《忏悔录》,原为张致蒋公私函也。"骨肉情亲",张挽蒋语。

骨肉情亲世莫先,私忠大义两熬煎,
万言忏悔岂当悔,原为生民解倒悬。

少帅《赠张严佛诗》

赠诗作于1936年,有"枕上泪难干"之句,仿用之。

寇患妖氛去复回,神州庐舍半成灰,
不伤身难伤民难,枕泪难干五十年。

四小姐替代于夫人

赵四南来,舍命相陪。

北上三军齐解甲,南来四妹最堪尊,
誓随公瑾同生死,蜚短流长岂足论?

皈依基督

最后一句为口头禅。

晚岁欣和主意长,死生荣辱已相忘,
岂为康健求矍铄?"上帝来时作殿堂"。

于夫人主动离婚
遵基督教义一夫一妻制也。

为尊教义礼真神,未许娥英自在亲,

最是贤良称姐弟,平生稽首凤夫人。

知遇有感
第三句引张致蒋书,言与周恩来相识始末也。

卅年浮海感栖迟,初谒重局颇自疑,

"岂有鸠人羊叔子",惭随翰墨识相知。

著史作传
末句引少帅赠莫德惠诗"唯一愿读书"。

笑语灯前老少儒,岂因褒贬别亲疏,

且编旧事成新史,唯一心情愿著书。

续编预约
再续芜诗,原期十年后,在沈阳旧帅府中也,呜呼!

谬献芜辞说短长,平生知遇敢相忘,

奉天帅府重欢聚,再谱期颐二十章。

附录一
先大元帅的早年生活和事功[1]

张学良口述录音　唐德刚整理初稿

我的父亲张作霖大元帅，是中国近代史上自孙文、袁世凯、黎元洪以后的二十余位，有正统地位的国家元首之一。只是先大元帅却以元首之尊而惨烈殉国。中外史家对他的事功与生活的记述原是汗牛充栋的。可是关于他早年的生活，则由于文献无征而传闻异辞。目前坊间的出版品，因此也有很多记载，出诸臆测；言人人殊，莫衷一是。现在良已年近九十，很想乘贱躯硬朗、记忆犹新之时，略作澄清。庶几当代史家有人证可凭；后世读者也有信史可读。谨先从我张家的源流说起。

张氏源流

我张氏这一支原本姓李，世居逊清直隶省（国民政府成立

---

[1] 此文系据唐德刚先生未刊之手稿誊出。

后改称河北省)大城县,历代务农,后举家迁往山东。清季道光年间(1820—1850)复自山东移居关外,落户于奉天省(国民政府改称辽宁省)的海城县。先曾祖诞生后因姑丈张家缺嗣,被过继以延张氏香火,乃改姓张氏。先曾祖因此也就是我们辽宁海城张氏的始祖了。

先祖讳有财,原配邵氏,只育一女。继配王氏则生子三人。长名作泰,是我的大伯父,早夭。二伯父名作孚。我父名作霖字雨亭,行三。

我家既是来自直鲁而定居关外的,先曾先祖一直都有着好武的传统。这也是受区域环境和时代的影响,因为这三个区域都是中国历史上有名的民风强悍的地方。居民为北方之强,重然诺、讲侠气,好武功而轻生死。前人所谓"燕赵多慷慨悲歌之士"。它也是荆轲、聂政的故乡。可见其好勇斗狠的民风是自古而然的。斯民斯土,因而一到时乱年荒、王纲解纽,地方政府失去控制的年代,则强豪遍野、争雄斗力,就在所难免了。我家在清末道光年间移居关外时,也就正赶上这个时代。在内忧外患相激相荡之中,东北既是我国的边疆,最重要的当然还是外患了。现在且把清末的外患排排队,查考一下我父祖辈的时代背景。

日俄交侵的时代背景

中国近代史上的外患应当是从"鸦片战争"（1839—1842）开始的。这时候也正是我家远祖从山东移民关外的时代。鸦片战后不久，便引发了太平天国起义（1850—1864），实在也是"鸦片战争"这宗外祸的并发症。不过这两次战祸都发生在南方，与东北的治安关系不大。可是在"英法联军"（亦称"第二次鸦片战争"，1858—1860）之役，情况就不一样了。

英法联军于咸丰九年（1859）占领了北京，火烧圆明园，咸丰帝逃往热河避难，终于承德的"避暑山庄"。这场战争原是中国与英法两国作战的，可是当北京失守，举国骚然的时候，沙俄却乘机入侵。为时不过数月，俄军便兵不血刃地把我整个东北占领了，并且一占数年，拒不撤兵。

东北既被异族占领，清朝的地方政府自亦随之解体，然东北版图辽阔，帝俄占领军毕竟有限。地方治安无法维持，境内乃强豪并起，一以抗俄，一以自卫，终则互争雄长，彼此械斗，奉天地方也就秩序大乱了——这可说是清季东北所遭受的第一次大灾难。先祖有财公便出生于海城，成长于这个动乱的环境里。

在俄人夺取了东海滨省逐渐撤离奉天之后，时已一蹶不振的满清政府，始渐图恢复主权。然俄军虽撤、俄患未除。地方乱势已成，政府统治力量也就十分薄弱了。我老帅雨亭公就是在这一时代背景中，于光绪元年（1875）生于海城。可是他年方弱冠，东北又因"中日甲午战争"（1894—1895）之爆发而再次秩序大乱。斯时清军一败涂地，日军入侵南满，中国地方政府失去控制，以致遍地散兵流勇，阎闾骚然。

甲午疮痍未复，义和拳运动又爆发于京畿而引起"八国联军"之入寇（1900—1901）；俄人再度乘虚入据东北，满清地方政权三度解体，奉天顿成群雄割据之局。斯时先父已崛起畎亩，统率强豪百数十人据守一方，为群雄之一。1901 年农历四月十七日，正当举国扰攘，先父枪在肩，刀出鞘，外抗强俄，内敌群雄之时，良适生于奉天省台安县桑林子之詹窝铺，为老帅之长子。斯时北京正为八国联军所占领，慈禧、光绪两宫西狩；丧权辱国之"辛丑和约"正待签字之时。举国哀嚎、生民涂炭。余适生于此时，幸与不幸，也真是一言难尽了。

良堕地不过四年，我东北故乡，又罹浩劫。盖"甲午"战后，日人囊括朝鲜，虎视东北。日俄两寇乃形成南北对峙之局。1904 年"日俄战争"终于爆发。两强大军数十万，置我国家主权于不顾，鏖战于我东北疆域之内，而我清政府竟腼颜宣布"中立"。日俄两军血肉溺糊固无待言，而我无辜百姓，骨肉流离，尸填沟壑，尤百倍于日俄两寇，真言之痛心。

就在这夷狄交侵、兵祸连结、王纲解纽、群雄纷起的国家和时代背景之中，我海城张氏父子终被卷入这一不寻常的历史漩涡，由防寇自卫而争雄里闾，而出长方面，而逐鹿中原，而主政中枢。虽然这一循序渐进的政治史实都是人为因素所促成，而冥冥中岂无若干历史的规律范畴之哉？也是古人常说的：虽为人事，岂非天意耶？

聪慧而强悍的老帅童年

我父老帅幼年在群雄角逐之中的脱颖而出，虽只是他个人的故事，但是这也是一篇英雄造时势、时势造英雄的标准史例。在我国过去两千年的史籍里，这类故事真可说是"史不绝书"。且看从秦末的陈胜、吴广、刘邦、项羽、韩信、彭越等"逐鹿中原"到历朝开国的名君名将，直到清末湘淮二军（如鲍超、刘铭传）的崛起和民初各省的督军省长的成长，成则为王、败则为寇的故事，几乎都出于同一模式。但是在群雄竞赛的过程之中，他们个人的机运、智慧、能力与性格，也是决定他们优胜劣败的基本因素。

先大元帅早年的脱颖而出，也是受这些主观和客观的因素所支配的。在群雄竞赛中，他是有其超人的智慧、不平凡的胆识和强悍的个性的。

老帅在孩提时代，据说就聪慧过人。我幼年便听过一位父执姜大爷讲过有关我父幼年的故事。先祖当年虽极其穷困，他还是把他的独生子们送入私塾，启蒙读书。据说我父于八九岁启蒙读书时，塾师拟教他"祸""福"二字。但是塾师首先只写个"祸"字，要他想想"祸字的反面是什么"，父亲那时只是个幼小的乡下孩子，在教师的询问之下，他竟能脱口而出，说"祸的反面是福字"。他这一回答，据姜大爷说，教师竟为之大惊失色。他想不到这么小小的孩子，竟有这么高的悟性，真是"异于群儿"——这只是老帅幼年聪颖故事之一。

在一般情况下，聪明而用功的孩子，多半都是循规蹈矩的"佳子弟"，不会争雄斗狠、闹事打架的。可是我父却是个例外。姜大爷还有另外一个故事。有一次，塾师在私塾门后发现了一根一端用生铁包裹的齐眉夹棍。这种夹棍是村农械斗时所用的武器。这种厉害的武器，怎么会跑到他的课堂内来呢？教师不免要查问一下。不意他这个聪明的小学生竟坦承是他取来放在门后面的。教师看着这个八九岁的小家伙，不免觉得奇怪了，因而问他，你把这根厉害的武器放在身边，意欲何为呢？这小家伙的回答是完全出乎教师意料之外的。他说，"我看你打学生打得很厉害，你要打我的话，我就用这夹棍打回去……"

好家伙！教师不禁张目结舌。心想这个小东西，这样小小的年纪，竟如此剽悍！

报父仇的青年杀人犯

我父亲这种与生俱来的剽悍性格，事实也是当年我东北地区英雄好汉所共有的特性。前节已言之，直鲁地区原多的是慷慨悲歌的粗线条人物。这种粗线条人物一旦移民边疆，就更要加上边疆开发者所特有的粗犷了。这种现象不特在中国的东北边疆是这样，当年美国开发中西部边疆的"牧童"（Cowboy）们，亦复如此。今日吾人所看美国"西部片"电影中，边疆牧童的粗线条形象，和当年中国东北草莽英雄的行为就颇有相似之处。

这种年轻的边疆牧童，原即好勇斗狠。再加上天高皇帝远，夷狄横行，官府崩溃的社会条件，他们就益发可以横行无忌了。我老帅幼年便在这种环境之中，为报父仇而变成了杀人凶犯。原因是先祖有财公也是这样的一位粗线条人物。一次他目睹乡中无赖王某以赌博欺骗一少年。王索赌债，少年无以偿，我爷劝王某"算了"。不意竟与王某发生殴斗而受伤，后竟因伤致死。这时我父与二伯父都还是不足二十的弱冠青年。在父亲冤死而投诉无门的情况之下，他二人就决定寻仇报复了。后来他二人在邻人郝大爷处借了一头毛驴，乃于黑夜骑驴持械直奔仇家，逾墙而入。本拟径闯上房，刺杀王某，谁知惊动了住在前厢房的一位老妪。她警觉大呼有贼，一屋皆觉。我父一时情急，未加思考，乃以手中所持的散弹枪，一枪将惊叫老妪击毙。二人见已闯下人命乃拔门而出，匆忙逃窜。我父跃上驴背，快驴加鞭，追者不及，乃被逃脱。二伯父则因逃避不及，为追者所捕获。在那个杀人者死的年代，二伯父究非主犯，被送入官府，判了十年徒刑。我父则被列为在逃的杀人主凶，由官府画影图形，通缉追捕。在四处躲藏不得之时，适逢其时驻于营口田庄台的毅军正在招兵。老帅乃匆忙逃往营口，报名当兵。既入军旅，地方官府也就无法缉捕了——军营原是当年通缉犯的最佳避难所。

投军和退伍

我父投入毅军是在光绪二十一年（1895）。这年正是中日"甲午战争"的尾声，我军新败，地方秩序大乱之时。一旦投入军旅，我父不但找到了一个安全的避难所，同时也找到了一个表现的机会，可以使他脱颖而出。原因是满清时代的军人多半都是粗鲁无文的，尤其是士兵和下级军官，大半都是文盲，而我父则是受过若干私塾教育的青年。再者当时军中纵有少数能文之士，但是我国的传统都是文武异途的。拿笔杆的人就不一定能拿枪杆，反之亦然。这样就使我老帅有个表现的机会了。——他既能粗弄文墨，更精于骑射而剽悍善战。一旦投入抗日行列，自然就如鱼得水。加以他幼年又曾学过兽医，会医马相马。当年东北亦如当时美国的中西部是土地肥沃而地旷人稀的。驰骋原野的英雄豪杰们是不可以无马的。老帅既能医马相马，他在军营之中和草莽之上的尤其是马贩子这一类人物的交游圈，也就不断地扩大了。一次盛京将军依克唐阿的爱马有病，经我父治愈，将军大喜，乃酬以巨金，我父不受，只请示将在狱兄长减刑释放。依将军允其请，我二伯才恢复了自由。

老帅初投清军宋庆部的"毅军",原在该军马队管带赵得胜部下作亲兵(卫士),但是他锥处囊中,很快地便被擢升为哨兵(排长),旋又被调升为营务处戈什(军需)。这时甲午战争已停战。毅军奉调入关,老帅因不愿随军远离,乃退伍还乡,另图发展。这时奉天全省正是大兵之后,全境骚然。遗枪遍野,强豪四起;彼此割据自雄,互不相让。官府既然管束不了,则面积大于西欧的我东北边陲,白山黑水之间的茫茫原野,深山大泽,就成为他们这批草莽英雄的天下了。

啸聚豪强、称霸一方

前节已言之,这种王纲解纽、草泽并起,成则为王、败则为寇的现象,原是我国历史上,朝代更迭的基本模式。它也是中国文学上,如"三国"、"水浒"、"说唐"、"说岳"等小说书上所描写的英雄的原始形象。可是天下大乱之时,上千上万的草莽英雄,如雨后春笋一时俱起,就不免龙蛇混杂、良莠不齐了。其下焉者,就落草剪径、杀人越货、恣意焚掠、为害乡里。其上乘者,则啸聚豪强,组织团练,称霸一方,在无政府的状态之下,绥靖农村,除暴安良,作为地方上一种非官方的安定力量。一般黎民百姓,只要缴纳些变相的税捐(奉天当时所称保护费或保险费),则合家的生命财产,在那种毫无保障的局面之下,却可赖以确保!我父老帅当年身在草莽之时,所干的便是这个第二类——他是当时辽西一带一个有名的"保卫团"或"保险队"的头目。当地老百姓还流传很多有关他如何保护所属地区人民生命财产的神话般的故事呢。老帅在当年无数的草莽英雄之中，究竟是一位出类拔萃的槃槃大材。一般小盗窃案的落草剪径、杀人越货，他还不屑为之呢。所以窃国则诚有之，窃钩则未必有也。

但是不论为善或作恶，这类保卫团的组织，究竟于法无据，被政府目为非法，为人民视为草莽。可是他们都有人有枪，争地盘、争群众，械斗无已时。这难免就被人视为"匪类"了。因此终老帅之世，他的出身在文人笔下就变成"草莽英雄"、"绿林豪杰"，甚或"马贼"、"胡匪"等头衔也都一时俱来。老帅毕竟是位英雄人物，为人坦率而豁达。英雄不论出身低，他对这些形容之辞，不但向不自辩，甚或笑而纳之，有时且自嘲为绿林大学毕业呢！

老帅和他早年的伙伴们

可是话说回头，在那种草莽英雄的团体里，要想出人头地，可不简单。第一这些草莽人物，个个都是不守绳墨、粗犷大胆、武艺高强、骑射皆精、性不畏死而脾气暴躁的好汉。就以他们的一般枪法来说罢。他们平时都是枪不离肩的，其射击则向不瞄准而往往一举手也能百发百中。有时枪在肩上而变起瞬息，他们可以把肩上武器一甩而下，带未离肩、枪已在手、弹已发出，而对方则已应声倒地。他们玩弄手枪，有时则有惊人的表演。他们能左手把银元抛向天空，而右手发枪，把飞在空中的银元击碎！他们的马术也是动人心弦的。在近代火车汽车尚未发明之前，马原是世界上人类可以利用的，最快捷的交通工具。因此在当年东北的原野之上，大豆高粱的青纱帐里，这些马上英雄，进攻退窜，日行数百里，真是来去飚忽。这样不特使进剿他们的满清军警无法捉摸，纵是日俄两寇的现代化大军亦畏之如虎。当年驻在东北的日军即有句口语说："十个清军，敌不了一个日军；十个日军，敌不了一个'胡子'"。可见"胡子"纵在骄横的日军眼中，也是万般剽悍的。但是"胡子"也有他们的短处。他们强悍而任性，个人英雄的色彩十分浓厚。要把他们组织成军，从而驾驭之，指挥之，真是谈何容易？而我老帅最后终能纠合群雄，一匡天下，驾驭之、指挥之，使成为中国近代史上有名的"奉军"和后来"东北军"最初的骨干，亦可想见其难能可贵了。

约而言之，我老帅之所以能够统率若辈组成劲旅的道理，莫非是他们所具备的本领，老帅全有之；而老帅所具备的领导才能和机运德性，则为他们所无，所以才能折服众心，领袖群伦，终于巍然独尊。

在性格的某些方面，我老帅原也是一位"妈拉巴"不离口的粗线条英雄好汉。骑射皆精，枪法尤其出众。他那右肩高、左肩低的体形，便是他少年时代枪不离肩的习惯所造成的。而他射击的快速准确，也是他压服群雄的第一项本领。在一次与邻近团练头目杜天义为争夺地盘而发生决斗时，老帅便以快捷枪法把杜氏击毙，自己只略受轻伤；终以恩威兼施而兼并了杜家人马。在此役先后，他也曾击杀一回族团练首领项昭子；并制服了威震一方的海沙子而代统两团徒众。后来在老帅部属中赫赫有名的汤玉麟将军，当时便是海沙子的部属，有人枪四十余条。

老帅除以武力服人之外，他也是一位才德两兼的政治领袖。我父的体格和容貌，并不是如一般人想象中的关东"胡子"，彪形大汉、威武森严。相反的，他只是中等身材，而皮肤白皙，举止文雅。说话声音也并不太高。因此他的远道访客，骤见之下，闻名久，识面初，无不同感惊奇。如孙中山的代表孙科，和段祺瑞的代表曹汝霖，初见我父时，都觉得他北人南相，俨然是一位恂恂儒者。哪里是什么"绿林豪杰"和"红胡子大盗"呢？而他的案牍如流的行政才能，和简朴逾恒的私人生活，再再都使他们叹服不尽。（德刚按：孙曹二人对张的评语，可参见二人的回忆录。）

至于老帅自己的部属对他的观察，则觉得他是一位明察秋毫、有威有恩，而赏罚分明的长官；同时他也是他们大家庭中有慈有爱的大家长。大家对他也是矢勤矢勇、亦忠亦贞而生死不渝。

我老帅就是这样威恩并施，逐渐统一了附近诸侯而威震辽西。一时英雄好汉，相率来归，不用说当时虎踞一方的什么

"四霸天"、"南霸天"、"北霸天"（冯庸先生的父亲那时也是诸"霸天"之一），逐渐销声匿迹；纵是一批比我父资格更老的"团总"如冯麟阁、张景惠等也都乐意降格相随，甘为老帅部属。再加上老帅初出山便结为弟兄的张作相一伙，这一小核心力量也就不可轻侮了。虽然他们合在一起的人枪尚不足二百，但是外抗强寇、内并群雄，战斗经验可说已十分丰富。加以各路英雄，望风归顺，潜势力是不可估计的。他们因此也就引起官方瞩目，为后来巡防营的逾格招安，奠立了基础。

我国古史上三国鼎立之初，曹孟德在削平华北群雄之后，曾说过："天下无孤，不知几人称帝？几人称王？"这句话在清末东北也颇可引用。我老帅当年如不把这些割据的团练统一了，正不知还有多少南霸天、北霸天来继续鱼肉乡民呢？把他们统一了，对安定桑梓也不无贡献罢。就在我父事业初奠，捷报频传之时，我适呱呱堕地。公私双喜同来，老帅乃把我取个乳名叫"双喜"。

附录二
本书所述大事年表

1901年6月3日，张学良出生。

1911年4月，生母赵氏病逝。

1916年春，与于凤至结婚。

1919年3月，张学良入东三省陆军讲武堂第一期炮兵科学习。

1922年4月，第一次直奉战争爆发。

1924年9月，第二次直奉战争爆发。10月22日，冯玉祥发动"北京政变"，第二次直奉战争结束。

1925年11月22日，郭松龄反奉，12月24日，郭松龄兵败被杀。

1926年6月，张学良率部进攻冯玉祥国民军。南口军纪案约发生在此时。

1927年6月18日，张作霖在北京成立安国军政府。

1928年6月4日，皇姑屯事件发生。12月29日，张学良宣布东三省及热河省易帜。

1929年1月10日，张学良处决杨宇霆。7月，"中东路事件"爆发。

1930年4月，中原大战爆发。9月18日，张学良发表"巧电"，武装调停，反蒋联军失败。

1931年9月18日，"九一八事变"，东北军奉命不抵抗。沈阳一夜间失守。

1933年2月21日，热河抗战爆发。3月11日，张学良通电下野。4月11日，由上海携家眷乘船出国考察。

1934年1月8日，张学良由欧洲考察返回上海。

1935年11月1日，发生中央党部事件，汪精卫被刺。

1936年12月12日，"西安事变"爆发。12月25日，张学良送蒋介石离西安。此后失去自由，开始幽禁生涯。

1946年底，张学良被转移至台湾新竹。

1955年，张学良皈依基督教。

1964年7月4日，张学良在台北与赵一荻正式举行婚礼。

1975年4月，蒋介石逝世。

1990年6月1日，台湾各界人士为张学良重获自由并九十寿辰举行隆重庆祝。

1991年3月10日，张学良携夫人赴美国探亲访友。6月初，返回台北。

1993年12月15日，张学良与夫人前往美国探亲。

1994年4月，张学良夫妇定居夏威夷。

2000年6月22日，赵一荻夫人逝世，享年88岁。
2001年10月14日，张学良逝世，享年101岁。

图书在版编目（CIP）数据

张学良口述历史/张学良口述；（美）唐德刚撰写.
－太原：山西人民出版社，2013.2
ISBN 978－7－203－08047－3

Ⅰ.①张… Ⅱ.①张… ②唐… Ⅲ.①张学良
（1901～2001）－生平事迹 Ⅳ.①K827=7

中国版本图书馆CIP数据核字（2013）第000213号

张学良口述历史

著　者：	张学良口述　（美）唐德刚撰写
责任编辑：	贾　娟
选题策划：	北京汉唐阳光
出 版 者：	山西出版集团·山西人民出版社
地　　址：	太原市建设南路21号
邮　编：	030012
发行营销：	010－62142290
电　话：	0351－4922220　4955996　4956039
	0351－4922127（传真）　4956038（邮购）
E－mail：	sxskcb@163.com（发行部）
	sxskcb@163.com（总编室）
网　　址：	www.sxskcb.com
经 销 者：	山西出版集团·山西新华书店集团有限公司
承 印 者：	鸿博昊天科技有限公司
开　　本：	880mm×1230mm　1/32
印　张：	10
字　数：	200千字
版　次：	2013年2月第1版
印　次：	2024年11月第18次印刷
书　号：	ISBN 978-7-203-08047-3
定　价：	48.00元

如有印装质量问题请与本社联系调换